时间银行

一种公益积分体系及应用

蔡俊 编著

团结出版社

图书在版编目（CIP）数据

时间银行：一种公益积分体系及应用 / 蔡俊编著. -- 北京：团结出版社，2023.3
ISBN 978-7-5126-9978-6

Ⅰ.①时… Ⅱ.①蔡… Ⅲ.①社会福利事业-研究-中国 Ⅳ.① D632.1

中国版本图书馆 CIP 数据核字 (2022) 第 245684 号

出　　版：团结出版社
　　　　　（北京市东城区东皇城根南街 84 号 邮编：100006）
电　　话：（010）65228880　65244790（出版社）
　　　　　（010）65238766　85113874　65133603（发行部）
　　　　　（010）65133603（邮购）
网　　址：http://www.tjpress.com
E-mail：zb65244790@vip.163.com
　　　　　tjcbsfxb@163.com（发行部邮购）
经　　销：全国新华书店
印　　装：三河市东方印刷有限公司

开　　本：145mm×210mm　32 开
印　　张：5.25
字　　数：142 千字
版　　次：2023 年 3 月　第 1 版
印　　次：2023 年 3 月　第 1 次印刷

书　　号：978-7-5126-9978-6
定　　价：38.00 元
　　　　　（版权所属，盗版必究）

序 一

感谢谢家驹博士引荐,我认识了"芳邻时间银行"创始人蔡俊先生,得以拜读他的著作《时间银行:一种公益积分体系及应用》。这是一本难得的全面介绍"时间银行"的中文书籍,能够先睹为快,实在感激。

本书内容十分丰富,介绍了"时间银行"的沿起。除了日本、美国和英国的"时间银行"发展历史外,也提及中国农村社会"换工"和"帮工"模式,与"时间银行"强调善用社会资源,透过邻里互助改善社群生活素质不谋而合。换言之,推动"时间银行"正好实践中国优良传统。

透过各国"时间银行"不同历史发展故事,读者很容易发现"时间银行"正响应不同社会环境的需要。本书进一步介绍"时间银行"的信念、核心价值和特征,包括:资产为本,重新定义工作,互惠互助,社交网络和尊重。这正好响应社会现今三大问题:一、单向公益慈善的弊端;二、市场经济的缺陷;三、现代人际关系问题,促进社会上不同成员,包括受助人,作出贡献及有尊严地生活。

透过"时间银行"计划,平等、关爱、诚信和友善等推动核心经济发展的人性优良本质得到重视,金钱不能衡量其价值的服务(如关爱邻舍、建设小区)也得到肯定,更有利于重建小区网络和人与人间的关系,合力共商解决社会问题。阅读本书,读者可清楚掌握"时间银行"的核心元素。

此外,本书的实用价值十分高,作者介绍了创建"时间银行"的九个步骤、财务分析内容、与中国法律的关系、"时间银行"应用文件范本、不同地方的案例和"芳邻时间银行"系统之应用。这些内容对拟建立"时间银行"

的机构或人士十分重要。

对在中国香港发展"时间银行"的朋友亦甚具参考价值。早年,香港非政府机构发展的时分计划,如圣雅各布福群会小区经济互惠计划,香港圣公会麦理浩夫人中心小区互惠银行及天姿作围组织,多从小区经济角度发展。近年,就人口急促高龄化,贫富悬殊和公共卫生危机等社会问题,不同地区以"时间银行"计划作响应,但参与其中的成员对于"时间银行"之理念和核心价值仍认识有限。推动香港的"时间银行"计划,同样面对不同挑战。例如:有关观念尚未普及,缺乏持久的资金支持,可供兑换的服务或活动不足,不少长者成员不懂如何运用手机应用程序等。本书刚好分析了"时间银行"的内外挑战,大家可从中得到启发。

关于创建"时间银行",蔡先生以栽种树木为比喻,表示"时间银行"可以充满生命力,像一粒顽强的树木种子,只要扎根适合的土壤,吸收养分和阳光,便能持续生长。在此过程中,纵然"不会一帆风顺,风雪雷电,病毒虫害在侵蚀它的同时也在塑造它"。经历挑战,"时间银行"可更坚实地发展。树木需用心栽种施肥,发展"时间银行"从而建立社会资本和人际网络,也需投入心力和资源。这让本人想起"时间银行"之父埃德加·卡恩曾写道:"强大的互助网络不会自发产生,也不一定会自我延续。建造、培育和维护是必需的。"("Strong networks of mutual support do not spontaneously arise and are not necessarily self-perpetuating. They must be constructed, nurtured, maintained." The Social Pandemic: Social isolation and timebanking, 2021)

蔡俊先生因工作关系,曾造访日本等国家和中国台湾等地区,并搜集了各地"时间银行"数据,同时运用自己信息科技专业技能,创建"芳邻时间银行系统",拥有着丰富的知识和实践经验,是内地一位难得的"时间银行"先驱。

柯明蕙
"仁人友福"行动平台
召集人
2022年8月

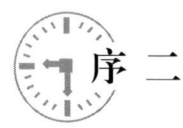# 序二

"时间就是金钱"这句话陪伴着改革开放后的一代人成长,中国从这句口号开始走向了市场经济。40多年来我国坚持发展中国特色的社会主义市场经济,取得了举世瞩目的巨大成就:国家经济实力大大提高,人民生活全方位改善、综合国力显著增强。

市场经济最大的特点就是市场竞争,竞争保证了市场经济的高效和活力,从而实现资源的优化配置。但如果任由市场自由发展,在经济方面容易出现恶性竞争、垄断市场等情况。在社会人文方面也会导致劳动异化,"唯利是图""一切向钱看"等现象泛起,劳动偏离了创造美好生活的根本目标,人创造的世界越来越与人对立。很多有价值的工作得不到市场或货币的承认,而人一旦失去可以获得金钱收入的工作,不仅仅意味着经济上要陷入窘境,精神也会受到沉重打击。

市场不是万能的,经济有扩张与收缩的周期性。信息不对称、交易成本高等原因形成的市场失灵会造成大量社会资源浪费。因此,无论是个人还是社会都需要一套新的体系来弥补市场的不足。

作为一个IT从业者和志愿者,我在参与志愿活动过程中经常思考公益事业如何才能实现可持续发展。4年前接触了"时间银行"概念后,我认为它是解决上述问题的一剂良方。除了时间银行倡导的核心价值观外,它还拥有互联网思维中常常提到的价值传递"闭环"。这二者的结合从理念与实践两方面提供了建设公益生态的完整解决方案。

在投入精力研究时间银行后才发现,可用的中文资源非常少,网络上

甚至还流传着一些关于时间银行的误传信息和片面认知。例如：在讲述时间银行起源的故事时，其离奇性让人想起鲁迅先生说的"状诸葛之多智而近妖"这句话。同时市面上还缺少一套好的时间银行系统，于是我们启动了"芳邻时间银行"系统项目，希望用它推动我国时间银行的发展。在系统设计、开发和运营过程中，随着与众多合作伙伴的深入交流、阅读更多资料，我们对时间银行的认识不断深入，编一本书全面介绍时间银行的想法越来越强烈。

有人对时间银行表示怀疑，认为没有看到成功的案例。因此在收集资料时我们特别重视这方面的素材，整理资料后发现：1973年在日本创立的现代首家时间银行还在运营；美国最长寿的时间银行很快就要过30岁生日了；中国台湾弘道时间银行1995年创立至今不断在自我变革中前行；1998年英国创立的第一家时间银行找到了一条永续发展之道。即使放到工商企业界，这些时间银行也可以称得上基业长青了。

时间银行既不是一个时髦的概念，也不是一朵用于装扮的鲜花，它需要参与者从内心认同其价值观，需要坚定的信念和正确的策略方法去实施。我更愿意将它比喻为一颗有生命力的树种，弱小时它需要精心呵护照料，但只要它的根扎入大地、叶接受到阳光，就可以自我成长、生生不息。

"时间就是金钱"原来是一个经济学的观点，但时间银行从社会学角度对这句话作了全新的阐释：金钱不是衡量一切的标准，用人人都拥有的时间就可以建设更加平等、友善、文明、和谐的社区。

蔡俊

2022年7月2日

 # 前 言

虽然"时间银行"一词来源于美国,现代时间银行发端于日本,但是在我国农村普遍存在且历史悠久的"换工""帮工"合作早已显现出时间银行的原型。在生产物资匮乏、生产力低下的年代,为解决农忙时节劳动力不足的问题,农民以家庭或村落为单位开展生产互助,共同耕田、插秧、割稻、晒谷,形成了相互援助的农耕生产关系。

据学者研究,我国近代农村的"换工"虽然有合理计算、对等交换的原则,但它不同于绝对等价交换的交易,其中"存在着基于亲密感情的支援的侧面"[①]。换工表面上是解决临时性的具体问题,实则反映了村落长期的人际关系。看似属于生产层面的工作,实际折射出精神层面的伦理道德。它源于村民间的情感,以相互信任、团结友善为基础,整合了村落劳动力,解决了单个家庭的困难,实现了全村劳动力效益最大化。同时又起到了增强村民凝聚力,密切家庭关系的作用,弘扬了邻里守望相助的中华民族的优秀传统。

随着现代农业生产技术的发展,家庭生产能力得到极大提升。加上土地承包、流转等新的生产关系出现,"换工"的需求开始变小。但有些地区由于年轻人外出务工经商,还是会出现劳动力短缺现象。党和政府领导下的新时代"换工"呈现出新的面貌,互助内容从农忙生产延伸到帮扶孤寡老

---

① 张思. 近代华北农村社会的变迁与换工[J]. 河北广播电视大学学报,2017(17).

人、村落管理、科技技术培训、精神文明建设等方面，加快了农村创业致富，增进了邻里和谐，促进了乡风文明建设。

1827年美国人乔赛亚·沃伦开设了"辛辛那提时间商店"，以工作时间为单位出售商品；1832年罗伯特·欧文在英国伦敦创立了"全国公平劳工交易所"，发行以时间为单位的"劳动票据"；1973年水岛照子创立了第一家现代时间银行……一代又一代人进行着对时间银行的探索，为消除歧视、建立平等的社会而努力。直到埃德加·卡恩教授从理论上、机制上对时间银行进行了全面论述，为它的发展提供了坚实基础。吉尔·赛芳教授论证了他在建设公民社会权利、公民经济权利和公民政治权利方面的显著效果。时间银行承担起了促进社会融合、增加社会资本的新使命。

随着网络信息技术的发展，基于云计算、智能终端等技术开发的时间银行系统为时间银行发展插上了腾飞的翅膀，在使用的便捷性、传播的广泛性、数据的安全性方面有了极大改善。时间银行已经从一个实验项目演变成遍布全球30多个国家和地区的运动。

金钱和金融本该为人服务，但现代社会中金钱几乎衡量了一切。那些让生命有价值的东西正在逐渐消失。社会的根本财富应该是人，赚钱不应该成为工作的唯一目的。如果完全依靠金钱，人类活动的"社会性"将消失殆尽。真正维系人性的基础应该是互助的社会而非竞争的经济，时间银行的出现和不断发展代表了人类社会对共建美好生活的永恒追求。

蔡俊
2022年7月1日

目 录

第一章 什么是时间银行

一、时间银行的概念 …………………………………… 002

二、面临的社会问题 …………………………………… 005

三、时间银行的核心价值观 …………………………… 008

四、时间银行的目标和作用 …………………………… 011

五、时间银行的类型与应用场景 ……………………… 014

第二章 时间银行发展概况

一、日本的时间银行 …………………………………… 022

二、美国的时间银行 …………………………………… 025

三、英国的时间银行 …………………………………… 029

四、西班牙的时间银行 ………………………………… 031

五、中国的时间银行 …………………………………… 033

第三章 时间银行的挑战

一、志愿服务与时间银行 …………………………… 038
二、社区货币与时间银行 …………………………… 043
三、时间银行的内外部挑战 ………………………… 046

第四章 时间银行建设指南

一、创建时间银行的步骤 …………………………… 052
二、时间银行的财务分析 …………………………… 058
三、时间银行的法律关系 …………………………… 061
四、时间银行的成功保障 …………………………… 066

第五章 时间银行系统

一、网络时代的志愿服务 …………………………… 070
二、时间银行系统概述 ……………………………… 073
三、时间银行机构管理后台 ………………………… 076
四、时间银行小程序前端 …………………………… 109

第六章 时间银行案例

一、发展"关爱经济"的时间银行 ………………… 124
二、香港满竹跨世代时间银行 ……………………… 125
三、英国最古老又充满活力的时间银行 …………… 130
四、台湾弘道互助连线 ……………………………… 132

五、爱有戏为困境人群创造机会 …………………………… 134
六、活动丰富的西怀特时间银行 …………………………… 137

附　录

一、加入时间银行的申明 …………………………………… 139
二、时间银行负责人岗位描述 ……………………………… 140
三、时间银行评价指标表 …………………………………… 140
四、时间银行成员调查表 …………………………………… 143

致　谢 …………………………………………………………… 154

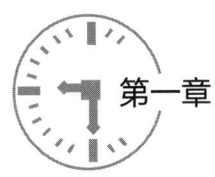 第一章

什么是时间银行

有些事情就像插花,虽有极高的意境和艺术魅力,但花朵很快会凋零枯萎;时间银行就像树木,它扎根大地,自我成长、生生不息。

一、时间银行的概念

1. 时间银行的定义

现代意义上的时间银行作为一种公益模式已经发展50多年了，在世界各地有着丰富多样的应用。各国的时间银行组织和研究人员对它进行了深入研究，并给出了自己的定义。

美国时间银行（TimeBanks USA）的定义：时间银行是一种基于时间的货币。为他人提供一小时服务可获得一个时间信用，人们可以使用该信用接受服务——或者将它捐赠给其他人。所有服务类型的一小时都是一个时间信用。[①]

英国时间银行（Timebanking UK）的定义：时间银行是一种花一小时帮助别人并获得一个时间信用回报的方式。时间信用可以用于接受别人提供的一个小时服务，或者可以换取剧院票或电影票等东西，你还可以兑换时间信用来学习一些新的东西或分享一项技能，比如学习烹饪、学说一门语言或学习演奏一种乐器。[②]

我国引入时间银行概念后，在实践过程中出现了"道德银行""时间超市""爱心储蓄""积分银行""公益互助中心"等各具特色的名称。虽然名称各异，但其内核没有本质区别：志愿者参与服务活动，然后将自己所提供的服务以时间为单位记录在自己的个人时间存储账户，等到需要帮助的

---

① TimeBanks.Org.Timebanking Basics[OL].https://timebanks.org/timebankingabout.2022.
② Timebanking UK.MEMBER HANDBOOK[OL].https://timebanking.org.2022.

时候，可以申请在账户中支取相等的服务时间。①

2020年3月24日，我国民政部发布了《志愿服务基本术语》，其中2.20条对时间银行进行了定义：志愿服务"时间银行"（Volunteer Service "Time Bank"）——为促进志愿服务可持续发展，建立的志愿服务时间存取机制。该文件以国家行业标准的形式发布，在对时间银行进行定义的同时，也肯定了时间银行是一种公益模式，认定它属于志愿服务的范畴。

在介绍本书的时间银行定义之前，有必要先介绍"社会资本"和"核心经济"这两个概念：

社会资本：指社会主体（包括个人、群体、社会甚至国家）间紧密联系所形成的资源。其表现形式有社交网络、规范、信任、行动的共识以及社会道德等方面。社会资本存在于社会结构之中，它通过人与人之间的合作进而提高社会的效率和社会整合度。

核心经济：指人们生产、分配、消费无金钱报酬的活动。包括家庭照顾、发展睦邻关系、环境保护、建设和谐社会等。它强调归属感、关怀、奉献和合作，这些都是不受金钱驱动的情感和行动。

联合国开发计划署1995年的《人类发展报告》比较了世界各地经济活动的量化和无报酬生产活动的数据。报告发现，在全球范围内，用于"经济生产活动"的总时间中，只有略多于一半的时间是通过传统市场进行的，并以国内生产总值（GDP）等标准收入衡量指标进行报告。还有至少40%的生产性工作发生在市场经济之外，没有纳入GDP统计。这些活动主要就是从事核心经济的建设。

市场经济在竞争条件下由金钱驱动进行，它强调稀缺价值、资金成本最小化和盈利。核心经济依赖于社会资本的投入来正常运转，它强调合作、共享和奉献。这两种经济都为社会提供福祉，但它们的运作原则和

---

① 王晓露. "爱心银行"服务模式研究[D]. 安徽大学，2017.

价值观不同，核心经济是市场经济的基础。人们往往低估核心经济的价值，维持它所需的时间和精力被市场经济挤占。正如一个人的免疫系统弱化会导致身体机能衰退一样，当核心经济出现问题时也会出现个人健康状况下降、社区凋敝、社会混乱等问题。这时需要将人们团结起来，发展相互的友谊和支持，增强社会的免疫系统。时间银行正是实现这个目标的工具。

与上述时间银行组织和学者主要从技术操作角度定义时间银行的方式不同，本书对时间银行的定义是：时间银行是为了增加社会资本、建立核心经济，以时间为价值尺度和流通手段而建立的一套与市场平行的互助体系。

本定义首先明确时间银行的目的是创建有共同规范和价值观的人际关系网络，用信任、合作和互惠使社会有效运转。它是一种公益模式，是谋求个人、社区和社会更大福祉的方式，可以广泛地应用于各种公益领域。

其次说明时间在时间银行中的作用。价值尺度是指它用于衡量时间银行中流通的各种资源的价值。流通手段是指充当时间银行中各种资源交换的媒介，但通常情况下时间并不是直接作为媒介，而是以时间信用或积分等形式体现。

最后指出时间银行是一种社会资源的配置方式。它与传统市场调节手段有类似的作用，但又不同于传统市场经济的物物交换或货币交换方式，而是以志愿服务精神为核心的互助模式。时间银行配置的不仅仅是人力资源，还包括物资、空间、资格、资金等各种社会资源。

2. 时间银行的特征

根据上面的定义，可以看出时间银行具有以下三个特征：

- **以互助服务为主**：时间银行的主要目的是通过开展互助活动建立人与人的连接，培养友好、信任和团结的社会关系。虽然在时间银行运营过程中也会出现积分兑换物资或现金的做法，但这种兑换只是一种辅助激励措施，不应该成为时间银行的主要诉求。

● **以时间为计量基础**：时间银行中有服务时长和积分两个指标。服务时长是一种持续累计增加的荣誉，并不用于流通。时间银行中的流通媒介是以服务时长为基础，根据一定规则计算出来的积分。参与者的积分数量随着在各种场景中的应用发生动态变化。

相同时长不同类型的服务是否等值并没有唯一标准，它取决于每个团队自己的共识。在全球的时间银行实践中，时间等值和不等值两种模式都存在。美、欧等国家和地区的时间银行一般奉行时间等值的理念，它来源于人人平等的思想。中、日等亚洲国家的有些时间银行采用不等值的方式运行，其合理性在于激励高技术含量和稀缺服务的加入。

● **以志愿服务精神为核心**："奉献、友爱、互助、进步"的志愿服务精神是时间银行可持续发展的根本。除非用于一些特定人群或专项服务，通常情况下时间银行运营过程中不宜设置有碍于社会公众广泛参与的各种前置条件，比如要求参与者具备严格的年龄和专业资质条件；规定每个人的服务时长累计上限；设置积分应用的过长等待时间；等等。也不宜承诺硬性兜底保障，比如无条件地积分兑换现金或其他物资性福利，要防止时间银行出现功利化倾向。

二、面临的社会问题

1. 单向公益慈善的弊端

传统的公益慈善活动经常是资助方对受助方的单向付出，往往忽视受助方自身拥有的能力。这种公益模式虽然可以在一定程度上改善弱势群体的境况，但同时也可能产生一些新问题。

非裔经济学家丹碧莎·莫约在《无效的援助》一书中指出，在过去的

50年里,富裕国家向非洲提供了超过1万亿美元的援助,但并没有给非洲带来改变。因为这些援助助长了依赖,鼓励了腐败,最终阻碍了非洲的经济发展,导致治理不善和贫困长期存在。在现代全球化经济中,简单地发放更多的钱,不管用心如何,都无助于最贫穷的国家实现可持续的长期发展。丹碧莎·莫约认为通过改善资本和市场准入以及正确的政策,即使是最贫穷的国家也可以得到繁荣。

我国在脱贫攻坚过程中也存在"消极贫困者""愿贫争贫者"现象。有的地区近三分之一的贫困家庭常年依靠政府财政补助,家里有强壮劳动力却不愿意参加生产。有的贫困户不是积极争取脱贫,而是积极争取不脱贫,以便继续获得国家扶贫补助。[1] 我国便通过扶贫、扶志以及扶智,充分调动贫困人口的积极性和主动性,提高脱贫能力,增强脱贫的志气,依托国家的精准扶贫政策,靠贫困户自身的努力改变命运。经过8年持续奋斗,全国832个贫困县全部摘帽,12.8万个贫困村全部出列,近1亿农村贫困人口实现脱贫,提前10年实现联合国2030年可持续发展议程减贫目标,历史性地解决了绝对贫困问题,创造了人类减贫史上的奇迹。

在部分公益慈善活动中,主办方让受助者在众目睽睽之下讲述自己不幸的身世、生活的艰难,感谢慈善义举改变了他们的生活,对捐助者感恩戴德,进行摆拍合影……这种安排或许可以激发更多人行善,但同时也暴露了受助者的隐私,伤害了他们的尊严。原本奉献爱心的公益行为沦为道德优越感的作秀,而受助者更是为捐赠所裹挟,成为道德暴力的受害者。

凡此种种,无论是对社会还是个人,无论是对资助者还是受助者,单向付出的公益模式都存在着很大问题。虽然这些问题的产生有个人、社会的认知水平因素,但更重要的是需要一套新的机制来改变这种状况。

---

[1] 聂露.当前精准扶贫领域存在的四个问题 [OL]. 人民论坛网 .2020-02-07.

2. 市场经济的缺陷

市场经济用"看不见的手"配置资源可以高效地创造财富。在经济运行中社会的各种资源都直接或间接地进入市场，由市场供求形成价格，进而引导资源在各利益主体之间流动，使社会资源得到合理配置。市场经济以货币作为交换媒介，运行基础是竞争。资本天生的逐利性一方面容易形成弱肉强食的丛林法则，产生"一切向钱看""唯利是图"等不良社会风气；另一方面又会让无法进入市场换取货币的资源得不到有效应用，形成巨大的社会浪费，引起经济危机，加剧社会两极分化。

现实生活中我们经常发现市场无法给予一些有价值的工作合适的金钱报酬，如帮助他人、振兴社区、保护环境等；有些资源没有得到充分使用，如有劳动能力但失去工作的人员、影院空余的座位、航班未售出的机票等；甚至还有很多具备使用价值的物资因各种原因被弃而不用甚至人为销毁，造成巨大的生产浪费和环境污染，如没有被回收的二手商品、临期食品等。这些都是市场失灵、资源不能实现最优配置的表现。

 维修咖啡馆

Ourtimebank 定期举办维修咖啡馆活动，由主办方提供场地、工具和维修指导人员。会员携带破损的物品在专家指导下自己维修，也可以由志愿者维修。该活动鼓励人们保留旧物品，而不是将其扔进垃圾堆，造成环境污染。

参与者用时间积分或小额捐款支付维修费用，提供维修的人为自己赚取时间积分。该活动有利于保护环境，同时将人们连接起来共同创建互相关怀的社区。

3. 现代人际关系问题

我国自改革开放以来经济飞速发展，城市化水平不断提升。从低于发展中国家平均水平，发展到目前已经远远超过发展中国家的平均水平。我国的城市化水平从1978年的17.9%到2012年上升至52.6%，国家统计局发布数据显示，2021年末我国常住人口城市化率为64.72%。现代的高楼大厦渐渐取代了原来的平房大院，居民人口变迁使得邻里关系生疏、人们缺乏交流。

城市化同时带来了激烈的社会竞争和高节奏的生活方式。生活空间和时间被严重压缩，人与人之间缺乏沟通和信任，产生了隔阂和不安全感。社区除了提供居住功能外，其他功能越来越微弱。

互联网的迅猛发展使人们足不出户就可以了解万千世界，可以和外界交流互动，打破了传统的面对面交流模式。网络社交扩大了人们的交际面，反而让人们忽略了身边的人，且很容易让人沉浸在虚拟的网络空间，对于现实社区生活缺乏热情。互联网加持下的现代服务业可以满足家庭生活的各方面需要，使得每个家庭不再依靠邻居帮忙，形成了相对独立的生活方式。

在上述因素综合作用下，社区居民失去了传统社区意识，但同时又尚未形成现代社区意识。社区成员之间的互相依赖性大大降低，互动减少，感情淡化。对于社区事务的参与积极性减少，社区认同感和群体归属感逐渐消失。学术界甚至出现了以齐美尔（George Simmel）、沃斯（Louis Wirth）等为代表的社区消失论，该学派认为城市专业化的劳动分工破坏了传统社区共同体的团结，传统社区的关系正在为现代社会所取代，社区功能和作用难以维持，造成社区道德沦丧、社区关系冷漠孤立。

三、时间银行的核心价值观

时间银行（TimeBanks）名词的创造者是美国的埃德加·斯图尔特·卡恩教授（Edgar Stuart Cahn，1935年3月23日—2022年1月23日），他于1995年成立了美国时间银行（TimeBanks USA）并注册了时间银行商标。2000年卡恩教授在《不再抛弃人：合作生产的必要性》一书中提出了时间银行的四个原则：每个人都是资产；重新定义工作的价值；社交网络建立社区；互惠是有益的。后来在四个原则的基础上增加了一项"尊重"，形成时间银行的五个核心价值观。这五个价值观在全球时间银行领域得到广泛传播，很多地区的时间银行在发展过程中都遵循这套价值观或以它为基础进行重新表述。

卡恩教授提出的时间银行的五个核心价值观[①]如下：

埃德加·斯图尔特·卡恩

● **资产**：我们每个人都有一些有价值的东西可以与他人分享。

● **重新定义工作**：有些工作无法用金钱简单地支付，例如建立关爱邻里、振兴社区、保护环境、推进民主、促进社会正义。时间积分旨在奖励、认可和表彰这类工作。

● **互惠互助**：帮助是双向的，每个人既是接受者也是给予者。"我有什么可以帮助你的？"这句话应该变为"你也会帮助别人吗？"把爱传递出去可以确保我们彼此帮助，共建我们生活的世界。

● **社交网络**：互相帮助，重建有支持、有力量和信任的社区。社区要通过扎根基层、建立信任、创建网络来建立。使用时间银行可以加强和支持这些活动。

● **尊重**：尊重是言论自由、宗教自由和我们重视的一切的基础。尊重是民主的核心和灵魂。努力尊重人们的当下，而不是我们希望的未来某个时刻的情形。

---

① TimeBanks.Org. The Five Core Values of TimeBanking[OL]. https://timebanks.org/timebankingabout.2022.

英国时间银行的五个核心价值观[①]如下：

1998年英国从美国引入了时间银行，是全球时间银行发展的一个重要国家。成立于2002年的英国时间银行（Timebanking UK）是一家时间银行支持组织。该机构对时间银行的核心价值观描述如下：

- **人是资产**：社会的真正财富是它的人民。每个人都是建设者和贡献者。时间银行以这种方式承认这种观点：允许成员自己定义他们认为有价值的资产，并通过一小时换一小时的原则来保护它的价值。
- **重新定义工作**：工作必须重新定义，它包括养育健康的儿童、保护家庭、让社区安全和充满活力、照顾弱势群体、纠正不公正现象和使民主发挥作用。时间银行为非正式地促成这些事情的活动提供了流动性。
- **互惠**：回馈的动机普遍存在。只要有可能，我们必须用双向互助取代任何形式的单向慷慨行为。在时间银行中"你需要我"变成了"我们需要彼此"。
- **社会资本**：人类需要如道路、桥梁和公用管线一样必不可少的社会基础设施。社交网络需要由信任、互惠和公民参与产生的持续社会资本投资。时间银行创造了一个建立社会资本的系统——每一个行动都会留下足迹。
- **尊重**：通过尊重和承认所有人做出的贡献价值，我们将一个关键的反馈回路固定在我们的工作方式中。

卡恩教授提出的时间银行的五个核心价值观很好地回应了前面描述的三个社会问题：用双向互惠互助的公益模式取代传统的单向付出公益模式；用肯定和尊重每个人的价值来维护受助者的尊严；用基于时间的衡量体系承认无法被传统市场和货币认可的价值，弥补市场的失灵；用互信、互助的社交网络重建人际关系和有凝聚力的社区。

---

① Timebanking UK.Our Vision, Mission and Values[OL]. https://timebanking.org/vision-mission-values.2022.

互助是在家庭和朋友之间很常见的行为，通过这些利他行为可以加强彼此的社会关系。但是在更大的范围内保持这种行为比较困难。因为为他人付出存在机会成本，由于没有经常地接触就很难确保付出会得到回应。这是大多数人不愿意经常主动为陌生人付出的原因。但是当建立一种激励机制，服务能够得到第三方认可时，互助互惠的全部潜力可以在更大的网络中实现。

四、时间银行的目标和作用

1. 时间银行的目标

现代人常常要在时间和金钱之间寻找平衡。对成功世俗的定义是拥有大量金钱，但为了积累大量金钱人们又要面临极大的压力、紧张的人际关系、健康问题和生活质量下降等问题。时间如果运用得当可以解决一些市场经济无法解决的问题——建立社交网络、发展良好的人际关系等。

时间银行是一个将人们聚集在一起并加强人际关系的灵活工具，它以一种新的方式将服务方和被服务方联系在一起，建立一个相互信任、有凝聚力的社区。它具有相当大的潜力，人们应该善加利用。时间银行可以实现如下目标：

- 以平等的精神将人们团结在一起。
- 衡量、记录对社区生活的贡献。
- 培养个人的信心和技能，改善身心健康。
- 提供工作和训练的机会，为就业做准备。
- 建立和扩展社会关系，改善社交网络。
- 提供各种类型的家庭和社区服务。
- 鼓励参与社区治理，提高自治能力。
- 吸引不愿意做传统志愿者的人加入志愿活动。
- 重建信任和团结的社区，发展社区能力。

2. 时间银行的作用

时间银行既可以作为一个专门的项目解决特定的社会问题，又可以发展社区组织和居民之间的社交网络，增加社区凝聚力，从总体上改善个人、组织和社区的健康和福祉，其作用体现在以下六个方面：

- **社会**

时间银行通过开展互助服务和各种团体活动，促进了人际互动。可以在不同代际、不同背景的人之间形成新的纽带，强化原有的纽带。有利于化解社会分歧、跨越社会鸿沟。英国的一项时间银行调查[①]显示：91%的时间银行协调员认为，时间银行为参与者建立了友谊和信任。许多成员认为通过建立互惠和信任从总体上改善了邻里关系。人际关系的改善意味着在社区内社会资本的增长。

- **经济**

时间银行推动服务和商品的非现金交换，满足了参与者的一些实际需求，帮助人们获得了他们原本不能得到或负担不起的服务。多种类型的互助服务还可以为参与者节约时间，去从事获得现金收入的工作或者参加培训为未来储备技能。这些优点可以吸引那些通常不会参与传统志愿活动的人。上述英国的研究显示，

> **社区经济互助计划**
>
> 香港圣雅各布福群会于2001年开始每月办一次"来墟"让会员提供货物或服务换取时分券。2005年在政府资助下获得地铺，交易次数大幅增加。至2008年，7年时间中会员由150人成长到千人，2008年交易次数达1.8万次，2.2万件二手物资找到新主人。
>
> 该机构引进商店和其他组织使物资和服务种类多元化，会员加上少许现金能换取本地生产的新鲜食材。香格里拉大酒店提供的面包1年换出了2.6万袋。该计划让居民互惠互利，增加了社区内不同阶层的良性互动，促进了小区共融。

---

① Gill Seyfang.The Time Of Our Lives:[R].New Economics Foundation.2002-10.

传统志愿者中只有16%的人收入在1万英镑以下，而时间银行参与者中这类人（58%）几乎是传统志愿者的4倍。没有正式工作的时间银行参与者（72%）几乎是传统志愿者（40%）的2倍。

参与的组织也能得到经济上的利益。通过向时间银行提供闲置的商品或服务，可以获得更高的知名度，时间银行参与者为组织提供志愿服务能为组织节省现金支出。

在社区层面，时间银行有助于加强本地经济。通过鼓励在地消费可以让财富留在本地，而不被大公司剥削和转移。在法定货币稀缺时，时间银行可以促进本地商品和服务的交易，保持地区经济发展。

- 健康

时间银行创造的社会网络和社会支持可以提高人们的生活质量，为个人健康带来价值。除了有助于解决酗酒、抑郁等精神和心理疾病外，还能对威胁生命的疾病更有抵抗力。

1999年弗吉尼亚州的一家健康服务提供商所做的研究表明，为哮喘患者建立一个基于时间银行的支持系统——老年人打电话给哮喘患者提供支持——对所有参与者都有好处。该计划最高峰时招收了142名病人，得到的数据显示：在参与者中，急诊次数减少了39%，住院天数减少了80%，住院次数减少了74%，并节省了73%的成本。该计划实施的第一年节省了8万美元，第二年节省了13.75万美元。

- 资源

时间银行能帮助个人建立与社区其他资源的链接，如学习新的技能，获得有报酬的正式工作。时间银行提倡每个人都有价值，很多无法得到传统市场承认的工作和边缘化的人都可以在时间银行中得到认可。

组织机构参与时间银行可以吸引潜在客户或获得合作伙伴，通过共享社区资源和提供志愿者与其他组织和整个社区建立更紧密的联系。

时间银行所提供的服务也能作为整个社区甚至社会的资源，如我国的北京、上海、南京、广州等城市都开展了全市范围的时间银行社区养老服务，以增加养老服务供给，积极应对人口老龄化问题。

● 思想

志愿服务精神是时间银行的核心，时间银行的参与者通过帮助他人、回馈社区而获得满足感。时间银行还能成为促进民主的有力工具，在政治参与度较低的地区，政府和当地社区团体可以用时间银行奖励那些积极参加地方决策过程的参与者。

对一些参与者来说，加入时间银行是一种表达美好社会愿景的方式——在美好社会中那些没有经济价值的劳动也会得到欣赏和奖励。人们知道其他人会帮助和支持自己，社区会团结在一起。时间银行在很多方面培育和践行了"富强、民主、文明、和谐、自由、平等、公正、法治、爱国、敬业、诚信、友善"的社会主义核心价值观。

● 环境

时间银行与永续农业和生态村在价值观上高度契合，都强调充分应用自然和社会资源、合作、多样性，提倡本地采购和社区经济循环。很多生态村引入了时间银行，以满足成员的食、衣、住、行、育、乐等生活需求。

都市中正在兴起社区食物花园营造，使用时间银行可以将志趣相投的人联结在一起，创造一个更有认同感和归属感的社会性社区。还可以用时间积分鼓励回收可循环利用，培养参与者的环保意识，减少社区垃圾，改善生态环境。

五、时间银行的类型与应用场景

1. 时间银行的类型

时间银行经过多年发展已经在很多领域得到应用，产生了丰富多样的运营模式。用不同的分类方法可以将时间银行划分为多种类型，这些分类是为了开展研究而人为划分的，在实践中并不存在非此即彼的绝对区别。时间银行机构应始终基于自身目标和拥有的内外部条件基础上灵活应用、不断发展。时间银行是一个动态工具，任何应用方式都要符合机构本身已经确定的核心原则。

● 按运营理念划分

古典式时间银行：按照日本的水岛照子、美国的卡恩教授等时间银行先驱倡导的平等思想，所有类型的服务每小时价值相等。只开展服务互助，积分没有其他用途。

变体式时间银行：相同时间不同类型服务的价值不同，一般来说技术含量高、难度大、供应稀缺的服务价值更高。积分可以用于兑换物资或用于其他应用场景。

● 按参与对象划分

个人对个人的时间银行：参与者之间直接开展互助服务。参与者除了可以获得需要的服务外，更能增加人际交往，建立社区网络。

个人对机构的时间银行：参与者通过为机构的目标做出贡献而获得积分，可以使用积分参加机构组织的活动，有助于进一步创造集体认同感。机构活动所用的资源一般是募集而来。

机构对机构的时间银行：促进有共同目标的组织间合作，彼此分享未充分使用的资源，如空置的会议室、车辆、工作人员或志愿者、临期的食品物资……这种合作除了可以获得物资和人力资源外，还能让参与其中的人员因为从事不同的工作而受益。

● 按组织形式划分

独立式时间银行：以社区为基础，将不同背景的人聚集在一起，以时间银行为主体，实现特定的社会目标。

嵌入式时间银行：在现有的组织基础上引入时间银行，时间银行是现有组织的一个项目或运营工具。

嵌入式时间银行不仅可以和组织的其他项目分摊行政成本,而且更容易招聘到新的参与者,在财务和人事方面比独立式时间银行更有优势。而独立式时间银行在组织使命、愿景上更为聚焦,目标更为清晰。

● 按加入方式划分

会员制:会员制时间银行设有加入的条件,如会员费、服务时长要求、年龄、身份或其他资格要求。

开放式:开放式时间银行面向社区所有居民,人们可以任意进入退出。

● 按服务内容划分

邻里互助时间银行:以社区建设为目标,动员社区的所有人员参与,挖掘每个人的能力服务他人。通过互相帮助来获得和使用积分,服务内容丰富多彩,覆盖日常生活的方方面面。

主题时间银行:针对特定人群(比如老年人、儿童……)或一个具体的社会问题(比如贫困、环境保护……)动员社会资源给予帮助和解决问题。与传统公益模式不同,时间银行鼓励受助方积极参与贡献自己的能力,在服务他人的过程中显示自己的价值,获得能力和自尊。

邻里互助和主题时间银行并不存在明显的界限,发展过程中能互相融合。邻里互助时间银行在运营中可以产生专项提案,比如有的社

 监狱时间银行

英国 Fair Shares 时间银行和当地监狱开展的项目。囚犯通过修理自行车获得时间积分,并将积分赠送给家人,让他们从时间银行那里获得帮助。还有一些囚犯将积分捐赠给慈善机构,帮助那些体弱或年老而无法自己获得时间积分的人。

这个项目帮助囚犯与家人保持联系,让囚犯在监狱中也能照顾家庭,还能帮助囚犯家属更好地融入社区。囚犯学习技能也为以后的生活做好准备。颁发给囚犯的证书有助于提高他们的自尊心,为囚犯以后加入时间银行创造了机会,这将使得他们能够继续获得支持并更快地融入当地社区。

区在互助过程中将顺风车作为一个特色服务项目发展。专项时间银行在成长过程中也可以不断添加新的服务内容，最终成为一个综合性的互助时间银行。

主题时间银行有一种独特的优势，它比邻里互助时间银行更容易吸引资金的支持。虽然资金在时间银行发展过程中是非常重要的资源，但使用时间积分来激励互助行为时就是在宣告：金钱不是唯一的价值衡量标准，它不能界定一切。所谓"物以稀为贵"是用金钱衡量稀缺和能赚钱的东西，它不重视每个人应该具备的平等、关爱、诚信、友善等优良品质。从市场经济的角度来看，善良的人性毫无价值。然而正是这些特征使人类能够作为一个物种生存下来，使我们能够在原始的丛林法则中避免灭绝。时间银行让宝贵的人性重新回到每个人身上。

2. 时间银行的应用场景

时间银行主要围绕五个领域提供开展服务：社区融合、健康和福祉、教育和就业、环境与再生、社会排斥。具体的应用场景非常丰富，涉及社会服务的各个方面。通过分析众多案例和资料，可以梳理出以下应用场景：

● **社区营造**：用时间银行开展儿童照顾、顺风车、家政维修等社区互助活动，建立社交网络和社区信任。

● **社区治理**：用时间积分鼓励居民参与社区管理与决策，协商处理公共事务。居民从旁观者变为参与者、协助者和组织者，居民自治体系得到健全。

● **教育培训**：在青少年中实施同伴辅助项目，为同学提供学习指导，获得的时间积分可以兑换物质奖励；针对失业人群开展就业技能培训，增强其就业的能力和信心；开展居民终身继续教育。

● **医疗健康**：向精神疾病患者和酗酒人群提供接触社会的机会，以重新融入社区的方式代替药物治疗；开展病友之间的互相支持，减少花费在医疗上的时间和费用。

- **生态环保**：用时间积分奖励旧物回收循环利用；将临期食品分发给需要帮助人群的食物银行。
- **社会救助**：弱势群体参加社会服务获得的时间积分兑换食品、住宿、理发等服务。
- **社区金融**：社会企业将时间银行引入股权设计，在更大范围内分享经营利润。成立为初创企业服务的双币贷款基金，支持中小企业发展（参见本书案例：发展"关爱经济"的时间银行）。
- **社区服务**：在社区图书馆、跳蚤市场、健身设施、会议室和技能培训等公共服务和商业服务中应用时间积分。
- **养老服务**：开展青银共建，拉近不同代际的距离，填平代沟；在社区中提供陪伴、代购、助医等互助养老服务，增加社会养老服务供给。
- **应急救灾**：利用时间银行成员熟悉本地的特点为专业救援队提供帮助，分发捐赠物资。
- **特殊群体服务**：为犯罪人员及其家人提供支援；帮助新搬入的居民认识新朋友，使他们尽快融入社区，建立归属感。

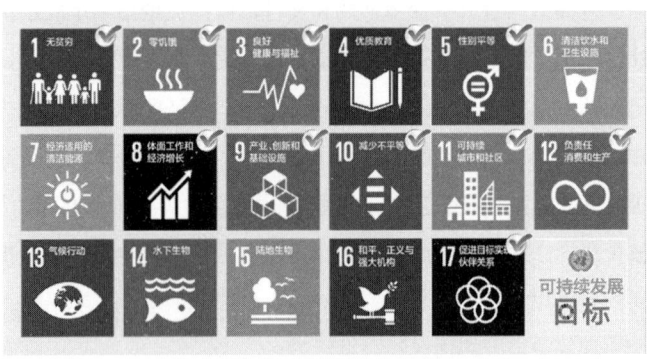

联合国17个可持续发展目标

2015年9月25日，联合国可持续发展峰会正式通过了17个可持续发展目标，计划在2030年前以综合方式彻底解决社会、经济和环境三个维度的发展问题，转向走可持续发展道路，以此实现人类更美好和更可持续未来的愿景。时间银行与其中的"无贫穷、零饥饿、良好健康与福祉、优质教育、性别平等、体面工作和经济增长、产业创新和基础设施、减少不平等、可持续城市和社区、负责任消费和生产、促进目标实现的伙伴关系"等11个方面密切相关，可以推动这些目标的实现。

3. 组织内部的时间银行

除了应用于社会服务领域，时间银行还能在组织内部使用。在员工之间建立一个共享资源和学习的时间银行，用时间银行开发工作时间以外的人力资本，减少个人和组织的经济负担。

据《华盛顿邮报》2015年8月的一篇报道，美国斯坦福医院推行了一个花费25万美元、为期两年的"时间银行"试点项目。用于缓解急诊工作人员工作和生活之间的冲突。

这个项目启动的原因是斯坦福大学医学院院长菲利浦·皮佐（Phillip Pizzo）发现，很多有天赋的女性医生（也包括她的女儿）由于家庭原因不得不放弃有前途的研究和职业道路。负责"时间银行"项目的心脏病专家汉娜·瓦伦丁（Hannah Valantine）说："医护人员工作生活之间的失衡仍被认为是医疗行业的一个次要问题。还没有人将解决这种失衡作为提高医疗质量的一个措施，但是我认为这是一个必要的决定。"

最初该项目有来自基础科学和5个临床医学部门的60名医生参与。可以把医生平时培训新人、在委员会任职、临时接替同事或进行急诊的时间"存"起来，并将这些时间换成积分，用于换取工作或家庭相关的服务。该项目大大提升了医生的工作满意度，帮助医生更好地协调工作和生活。项目的初步结果显示，大部分医生和研究人员在工作和生活的平衡上都有改善，员工的满意度提升了近60%，当年实施该项目的医院急诊中心第一次没有人离职。此外，斯坦福大学医院申请的科研项目也大量增加，通过率比以往更高，总金额达 4000 万美元。这些钱完全可以覆盖时间银行项目的花费。斯坦福大学医院急诊科的前主任保罗·奥尔巴克（Paul Auerbach）说："在我看来，这个项目太赞了，花费还不到预算的 1%，性价比相当高。"

整个项目的核心就是：帮医生解决工作中不必亲力亲为的小事，并且帮助他们安排好生活。最终医生生活质量得到提高，其执业水平自然得到保障，这是医生和医院的双赢。

时间银行还能用于企业的组织结构与股权设计，特别是以承担社会责任为宗旨，部分利润用于回报社会的社会企业，使用时间银行可以科学地制订和执行利润分配方案（参见本书案例：香港满竹跨世代时间银行）。总之，时间银行在各种场景的丰富应用将产生深刻的社会变革和巨大的经济效益。

第二章

时间银行发展概况

插花作品是创意与构思产生的艺术品;大树需要一粒有顽强生命力的种子,种子从大自然吸收能量,生根发芽,从独木成长为森林。

一、日本的时间银行

1. 水岛照子：时间银行的先驱

世界上第一家时间银行是日本的水岛照子（Teruko Mizushima）于 1973 年创建的志愿劳动银行（Volunteer Labour Bank）。1998 年日本通过的《特定非营利活动促进法》规定"银行"只能用于金融机构，该组织更名为志愿劳动网络（Volunteer Labour Network）。

水岛照子 1920 年出生于日本大阪的一个商人家庭，1939 年由于参加反战示威被英国拒绝留学后前往美国学习了一年。回到日本结婚后，繁重的家务劳动使她专注于设计更有效利用时间的方法，由此她产生了时间银行的灵感。她主张人们有权为自己保留一些时间。如果使用得当，时间比金钱更有价值。战后的物资供应短缺激发了她建立一个组织为人们提供保障、应对困境的想法。水岛照子认为无论人们多么努力储蓄，他们都无法确定存款在未来的价值。即使拥有金钱也不能保证可以找到愿意或能够提供服务的人。而时间不会通货膨胀。

水岛照子设想的系统是将时间转化为货币，人们可以用它互惠互利。她认为给予和接受时间的行为可以培养友谊和人际关系，这是货币兑换无法实现的，而且还可以奖励家庭主妇和照顾者从事的那些没有工资收入的工作。水岛照子最初主张将工作分为 1-3 个难度等级，但当她正式建立组织时决定把所有工作都平等对待。后来很多时间银行都采用了类似的路线。水岛照子将时间作为货币的文章发表后受到了社会广泛关注，她在广播、报纸和电视上频频曝光，并开始在全国演讲推广她的想法。

1973 年水岛照子正式创建了志愿劳动银行，该组织将活动分为两类。

第一类是为非会员服务的志愿工作,除高龄和产妇外的所有人都必须参加,活动以团体形式进行,主要为老年人服务。第二类是组织内部的劳动互助,每笔都记录积分,服务范围涉及成员需要的任何领域。所有成员每月至少要提供两个小时的志愿服务。她谴责那种认为离开组织就可以用积分换金钱的想法,认为这既违反了规则,也违反了该组织的精神。

1979年水岛照子实现了在全国范围内建立分支机构网络的目标,最高峰时成员有4000多人,很多人被她演讲时的热情所感染而加入。所有分支机构都保持较小的规模,因为水岛照子认为小团队可以最有效发挥作用,一旦规模扩大,成员的参与积极性就会降低。1996年水岛照子突然意外去世。她的创新精神和践行能力为公益领域开创了时间银行的先河。

2. 日本时间银行的特点

互惠是日本文化的特征,无偿服务会让受助者产生亏欠、尴尬和羞耻感。向志愿者提供象征性报酬被视为表达感激的心意,但这样又无法得到那些愿意提供无偿服务的志愿者认可,于是将金钱和时间积分同时使用的混合制产生了。1998年日本颁布《特定非营利活动法》,"有偿"志愿服务被正式承认为志愿服务的一种形式。

1995年日本前法务大臣堀田勉创办的SAWAYAKA福利基金会建立了"关爱之票"(Fureai Kippu)体系,希望在全国建立结算中心,发行可以在所有机构之间流通的时间积分。加入Fureai Kippu的机构最多时达600多家,是日本规模最大,也最具多样性的时间银行体系。这是一套个人与个人之间服务交换的照护系统,采取会员制,

SAWAYAKA福利基金会的时分券样板

以"时分券"作为服务交换的媒介，会员提供服务后，即可获得相应时数的时分券。虽然这一计划没有全面实现，但还是在一些方面产生了积极的影响，包括建立个人关系和社会关系；改善参与者的身心健康；促进对弱势群体的关爱；在志愿者和受助者之间建立一种更平等的关系。更重要的是它推动了政府在养老方面承担更大的责任，2000年日本政府颁布了长期护理保险制度。

长期护理保险制度实施后，由于其覆盖范围广、个人支出低，一定程度上抑制了时间银行的发展。除了水岛照子创建的志愿劳动银行外，日本还有两家较大规模的时间银行：

日本护理系统协会（JCSA）：由原来职业是社会工作者和护理师的金内美智子于1982年成立。该机构最初是传统的志愿者组织，提供无偿的志愿服务。1985年该机构决定转向混合制的时间银行模式。该组织开始最主要从事养老服务，后来又扩展到为其他弱势群体提供服务。

日本活力生活俱乐部（NALC）：由松下电气前工会负责人高畑敬一于1994成立。他遵循松下幸之助的价值观，为承担社会责任、消除贫困、创造社会福利建立了该组织。主要招募即将退休和刚退休的活跃男性老年人，创始会员约400人，高峰时数量达3万人，会员平均年龄65岁，其中夫妻会员达70%。NALC让男性成为照顾者，挑战并改变了日本社会对两性角色的传统看法。该时间银行的收入来源于捐赠、会员费、义卖和收费服务。

日本主要时间银行的特点比较（2021年）

	志愿劳动银行	日本护理系统协会	日本活力生活俱乐部
分支机构	60家	26家	96家
分布范围	城市	农村	城市
参与者	家庭主妇之间的互助服务	成员为中年妇女，服务对象为居家老人	退休男性活力老年人之间的互助服务

续表

	志愿劳动银行	日本护理系统协会	日本活力生活俱乐部
模式	时间等值	时间不等值，混合制	时间不等值，混合制，现金收入用于组织运营
特色	每个团队规模6—10人，必须完成2小时/月/人，服务范围多达100多个小类	向专业化发展，成为日本护理人群的培训认证的重要力量	社交属性强，积分可赠予，不能兑换金钱

二、美国的时间银行

1. 埃德加·卡恩："时间银行之父"

时间银行在全世界普遍发展得益于埃德加·卡恩教授的努力，在西方他被誉为"时间银行之父"。埃德加·卡恩1963年从耶鲁法学院获得博士学位后进入法律界，立志用法律实现社会正义。他成立了公民倡导中心，为印第安人改善生活条件、争取权益。

20世纪70年代早期，一群妇女在美国圣路易斯市的格蕾丝山社区建立了一个名为"资源交换"的组织。她们以服务换取积分，按小时计算，并将其记录在纸上，并为这种交换创造了一套指导原则：平等、互惠、相信每个人都有有用的技能，每个人都是宝贵的。由于当时美国正处于经济滞涨时期，政府减少了用于公共福利的开支，"资源交换"机制可广泛应用的潜力被发现了，1979年该机制被正式纳入一个名为"会员组织资源交换"（MORE）的自助互助项目。

1980年埃德加·卡恩到密苏里州圣路易斯市参加会议时发现了格蕾丝山社区的这个项目。在接下来的两年时间里，卡恩为MORE项目的发展发挥了重要作用。他将格蕾丝山社区实行的基于时间的服务交换制度正式化，又加以详细阐述并向外推广。卡恩认为如果没有足够的法定货币来解决社会面临的问题,就可以创造一种新的货币来实现人们需要做的事情。对每个人都一视同仁的时间货币体系可以减少不平等现象、防止社会弊病。卡恩创造了"Time Dollars"(时间美元)术语,并建立了时间美元研究所来研究时间银行。

1987年卡恩在伦敦经济学院任研究员期间,完成了对时间美元的理论阐述。他认为社会服务中普遍存在的缺点是社会服务组织不愿意接受他们所帮助对象提供的帮助,称这是一种基于"赤字"的社会服务方法。而基于"资产"的方法则是专注于每个人都可以对社区作出贡献。他希望这个体系"能让个人和社区自助自立,挖掘那些被贬为废物、被视为乞丐之人的个人能力"。这个研究成果使得时间美元计划得到美国政府和主要慈善基金会的资助,并被应用于非常广泛的领域,包括少年司法、教育、公共住房、社区建设、情绪障碍儿童的综合服务、移民权利和老年人护理等。

2. 美国时间银行

1995年埃德加·卡恩教授创立了美国时间银行(TimeBanks USA,现为TimeBanks.org)——一种让人们交换时间和技能而不是金钱的项目。人们在一项帮助他人的活动上花费一小时可以获得一个积分。当需要别人的帮助时,他们可以使用自己积累的时间积分来换取帮助。1996年在华盛顿特区创立了时间美元青年法庭,其使命是让青年参与改变少年司法的形式。该项目允许法律专业的学生担任主审法官,并以志愿伙伴或导师的方式监督判决遵守情况。被告通过自己担任陪审员、参与各种社区服务或在学校帮助低龄学生提高阅读写作能力等方式获得时间积分,从被需要帮助的对象转变为可以为他人提供帮助的人。卡恩认为这种方式传递给被告的信息是:为他人创造机会,你有能力改变自己的命运。

卡恩教授提出的时间银行五个核心价值观在全球时间银行运动中被广

美国时间银行（TimeBanks.org）分布图

资料来源：https://community.timebanks.org（2022年7月）

泛采用。美国时间银行（TimeBanks.org）已经从一个实验性项目发展成为美国的时间银行联盟组织，为其他时间银行组织提供运营培训、咨询顾问、战略规划等服务。美国时间银行还产生了大量时间银行领域的相关资源和研究成果。根据 2022 年 7 月美国时间银行官方网站的统计数据，该组织在美国发展的时间银行有 71 家，共拥有 7942 名注册会员。其中活跃机构数量（半年内有活动）为 42 家，最大规模的时间银行有 756 名会员。较活跃的三家机构数据如下表所示：

美国时间银行（TimeBanks.org）中较活跃的三家数据

时间银行名称	成员数量（人）	交换次数（次）	交换时长（时）
弯曲河时间银行联盟 （Crooked River Alliance of TimeBanks）	427	31708	93375
邻居-2-邻居 （Neighbor-2-Neighbor）	328	30988	211191
布拉特尔伯勒时间交易 （Brattleboro Time Trade）	186	20419	60333

资料来源：https://community.timebanks.org/（2022 年 7 月）

> **时间银行的比尔·盖茨**
>
> 弯曲河时间银行联盟创立于2010年，拥有5个分支机构。创始人艾比·格里尔（Abby Greer）称自己是时间银行的比尔·盖茨。她说时间银行可以充当小型企业的孵化器，也是老年人在退休后保持活跃的一种方式。他们重视传统上没有报酬的工作，比如家务。"每个人的时间都是平等的，"格里尔说，"它改变了你对金钱、财富、社区和了解邻居的看法。在过去的100年里，所有这些东西都消失了。时间银行正在把它们找回来。"

美国时间银行（TimeBanks.org）在世界其他国家也发展了分支机构，包括新西兰（18家）、加拿大（3家）、希腊（2家），新加坡、西班牙、墨西哥、罗马尼亚、韩国、法国等国（各1家）。

3. 其他

2012年一份针对美国全国范围内的时间银行调查报告[①]显示了这些数据：

2010年年底美国有128家时间银行，主要分布在东部、西部沿海地区。其中超过一半（54.5%）成立时间在两年以内。大部分（61%）都与社区中的其他非营利组织和企业有合作关系，并认为这种合作对时间银行的成功至关重要。

这些时间银行的参与者从3人到2400人不等，平均为203人，全国约共有23481名参与者。约五分之三（61.7%）的协调员表示他们没有带薪员工，年度预算平均值为67000美元。收入来源由多到少依次为捐款、会费、其他组织支持、政府支持。

美国国税局认定"记入志愿者账户的积分仅仅是激励志愿者的一种手段"，因此曾两次裁定时间银行不是商业交易，不产生任何合同权利。参与者提供服务而获得积分的行为不会产生任何应纳税的后果。

---

① ED COLLOM:Equal Time, Equal Value: Community Currencies and Time Banking in the US [M]. ASHGATE.2012.

三、英国的时间银行

20世纪90年代之后，福利国家政策使英国财政不堪重负，一系列法律的颁布重新确立了政府、家庭、社区、民间组织之间的关系，国家把照顾公民的任务和责任向家庭和民间转移。1997年埃德加·卡恩受邀到英国为医疗保健人员做演讲，讲述了时间银行在美国的成功故事。1998年12月英国格洛斯特郡建立了第一家银行——Fair Shares，此后的5年内英国成立了50多家时间银行。

英国时间银行的迅速发展和政府转变职能的大背景密切相关。在政府改革重新定位自身职能的背景下，政府鼓励社会参与、地方自治。当时的主流思想认为政府不应该直接提供社会福利，而是制定一系列政策，为社区能力建设，增强社会包容而开展的互助活动提供保障，政府也鼓励个人对自己的福利和未来负责，因此需要一种机制来鼓励涵盖各年龄阶段以及少数族裔等群体开展志愿服务。

时间银行倡导和鼓励发展个人能力、改善地区服务，以此建立积极的公民意识，促进社区能力建设，解决社区凝聚力和社会包容问题，减少对政府的依赖。因此时间银行得到了政府的大力支持。英国工党政府将时间银行视为社会关怀和包容边缘社区的工具，在全国范围内推广和支持时

世界上第一份全国时间银行研究报告

2002年10月英国的吉尔·赛芳（Gill Seyfang）和凯伦·史密斯（Karen Smith）联合发布了世界上第一份全国性时间银行研究报告：《我们生活的时代：利用时间银行进行社区更新和社区能力建设》。这份报告通过对英国22家时间银行进行调查，进行了一次开创性研究，提出了评价时间银行的三个指标：社会公民权、经济公民权和政治公民权。

报告从时间银行参与者特征、加入的动机、运营情况、效果评估、面临的挑战、政策建议等方面对英国时间银行进行了全面分析。

间银行。2000年英国政府免除了时间银行的税收，宣布时间银行既不是有偿工作也不是志愿服务，而是一种独特的时间交换系统——"无偿工作"。领取社会福利和失业救济金的人参与时间银行不会丧失领取救济的权利。

2002年英国时间银行（Timebanking UK）成立，该组织是一个支持时间银行发展的机构，旨在帮助其他组织和社区建立自己的时间银行，并为他们提供所需的支持和资源，推进各个时间银行之间的合作。英国时间银行向社会积极推广时间银行的模式和价值观，与政府、媒体、工商界、慈善界开展合作，影响政策制定，开展广泛的社会包容性对话。

通过英国时间银行（Timebanking UK）的努力，时间银行模式在英国发展迅速。2008年6月有130家机构在Timebanking上注册，成员约10000人，交换时间为50万小时。2010年初有191家机构注册，成员人数和交换时间翻了一倍。2012年8月开展活动的机构已经达到293个，交换时间160万小时，成员约22400人。

为应对新冠肺炎疫情，英国时间银行与另一家机构合作推出了一个名为"社区在一起"（Communities Together）的应急平台，旨在促进社区人们之间的提议和请求的交流，帮助自我隔离的人们在危机时期获得支持并保持联系。在平台上人们可以开展互助服务，例如遛狗、帮助弱势群体购物以及组织其他形式的援助。

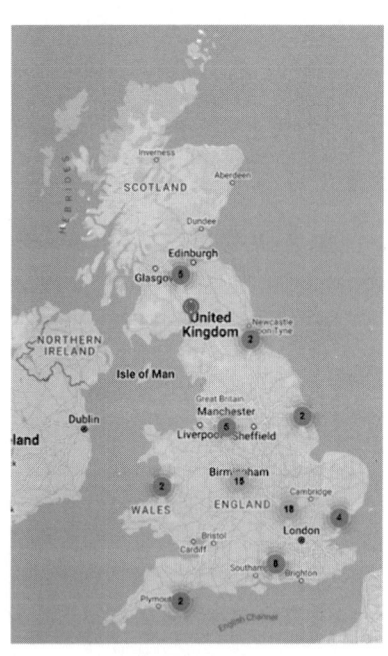

英国时间银行分布图
资料来源：https://timebanking.org
（2022年7月）

2020年英国时间银行网络支持发展了278家时间银行。截至2021年3月，英国时间银行（Timebanking UK）的会员已经交换了600万小时。①

四、西班牙的时间银行

西班牙的第一家时间银行于1998年诞生于巴塞罗那地区。在欧盟委员会的资助下，埃尔韦拉·门德斯（Elvira Méndez）成立了"健康和家庭协会"开展时间银行活动，用于促进性别平等。该项目得到了巴塞罗那议会的资金支持，2005年加泰罗尼亚地区建立了一个包含40家时间银行的网络，时间银行从此逐步扩展到整个西班牙。特别是2008年经济危机爆发后西班牙的失业率居世界工业化国家最高水平，人们用这种方式来共享资源、对抗失业，以度过困难时期。时间银行的数据几乎增长了一倍。

2007年西班牙的加利西亚地区将时间银行作为促进平等和发展的市政措施之一，很快就成立了70家时间银行，但地方政府只在第一年提供资金支持，5年后很多时间银行就消失了。金融危机期间大量加利西亚人失业，政府削减了他们的补贴和补助金。瑟哈泽时间银行的创始人发现了这个社会问题，意识到时间银行是应对社会排斥的有效工具，可以帮助没有经济来源的人解决失业、低收入、缺乏公共资源、培训或学习机会等问题。

成立于2012年的瑟哈泽时间银行树立了"自我管理、自我组织和独立"的运营理念，不接受公共援助资金。该时间银行被定义为"新一代的商品和服务时间银行"，它不仅是一种利用时间交换服务的工具，也是一种交换商品的工具。成员可以使用积分购买衣服，支付一些培训课程或医疗保健服务。同时他们还努力扩大积分使用范围，与当地一家披萨店达成协议接受积分。2014年瑟哈泽时间银行又开办了一家团结互助二手店，人们可以在

---

① Timebanking UK.Overview [OL]. https://timebanking.org/overview/.2022.

店里同时用积分或欧元购买二手服装。店员都是时间银行的成员，在店里工作获得积分。

据西班牙时间银行发展协会统计，2019年西班牙共有200多家时间银行，拥有约6000个成员，其中女性成员约占70%。与英国时间银行的目标人群主要生活在贫困地区、协调员是付薪的专职人员不同，西班牙的时间银行会员中受过教育的中产阶级人士比例较高，协调员主要是不付薪水只获得时间积分的志愿者。一份关于西班牙人加入时间银行动机的调查数据显示，占据第一位（45%）的动机是价值观因素，包括"摆脱对金钱的依赖、促进社会变革、构建不同类型的社会"等想法，这个数据显示了成员对当前社会体系的批判性看法。实用性的物质动机排位很靠后（14%）。

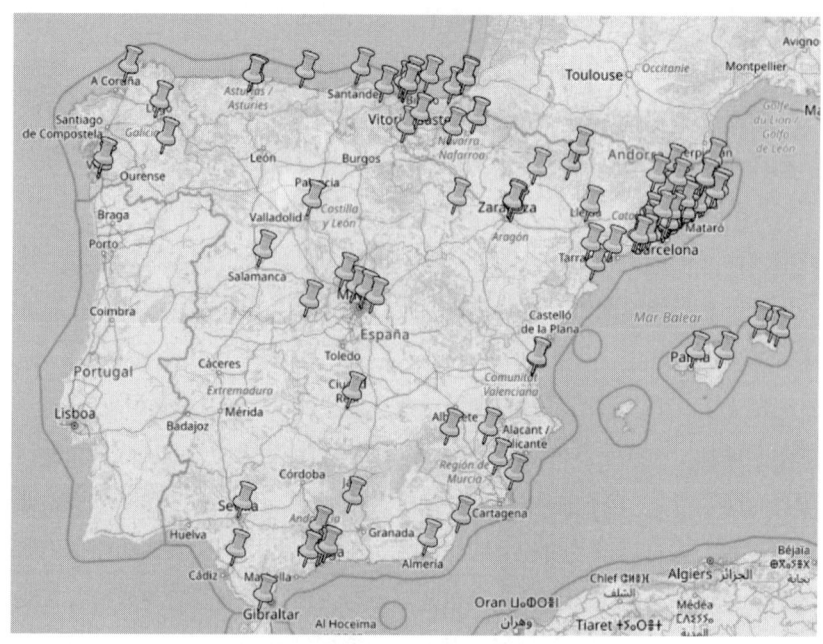

西班牙时间银行分布图

资料来源：https://www.bdtonline.org（2022年7月）

西班牙时间银行的发展初期带有浓重的女权主义色彩，在后来的发展过程中逐渐衍生出了更多价值：

- **经济价值**：资源匮乏的人可以获得在正常经济中无法获得的服务。
- **老年服务价值**：为老年人提供知识和活动信息。
- **社会融合价值**：促进社区、城市融合发展。

服务内容包括：护理、陪伴或保姆服务；家庭维修；英语学习；课业指导、体育活动、咨询服务、电脑指导等。

五、中国的时间银行

1. 发展历程

1999年7月上海虹口区和静安区在我国率先开展了"时间储蓄"式互助服务，随后太原、广州、北京等城市相继建立时间银行，开始这种公益模式的探索。

2019年2月，国家发改委下发《城企联动普惠养老专项行动实施方案（试行）》提出：建立"时间银行"制度……鼓励养老机构实施"时间银行"模式发展志愿服务。2019年4月国务院下发出台的《关于推进养老服务发展的意见》明确提出，大力培养养老志愿者队伍……积极探索"时间银行"等做法。在全国和各地方"两会"期间，各级人大代表多次提案建言推动时间银行的应用。我国时间银行在政策推动下持续稳定发展。

2019年7月南京市政府印发《南京市养老服务时间银行实施方案（试行）》，明确在全市范围内构建起"政府主导、通存通兑、权威统一"的时间银行运营机制，用市福彩公益金支持养老服务"时间银行"建设。

2020年3月24日民政部发布了《志愿服务基本术语》，其中2.20条对时间银行进行了定义：志愿服务"时间银行"（volunteer service "time bank"）——为促进志愿服务可持续发展，建立的志愿服务时间存取机制。该文件是以国家行业标准的形式发布，认定了时间银行属于志愿服务。

2020年5月，北京市政府办公厅印发《关于加快推进养老服务发展的实施方案》，提出要建立养老服务时间储蓄体系。2020年12月，《北京市志愿服务促进条例》提出建立健全社区志愿服务回馈机制，支持志愿者利用参加志愿服务的工时换取一定的社区服务。志愿服务组织可以通过服务积分、时间储蓄及会员互助等方式，激励本组织志愿者参与志愿服务活动。2022年北京市政府工作报告首次将发展"时间银行"互助养老模式作为市政府一项工作任务明确提出。2022年1月《北京市养老服务时间银行实施方案（试行）》发布，并于2022年6月1日起实施。

2020年7月，上海市民政局出台《关于扩大养老服务"时间银行"项目试点工作的通知》，在2019年虹口、长宁两区开展养老服务"时间银行"项目试点的基础上，进一步扩大试点范围至徐汇、长宁、普陀、虹口、杨浦五区各街镇。2021年11月，上海市民政局发布了关于本市推行"养老服务时间银行"项目的通知，决定在全市范围内全面推行"养老服务时间银行"项目。

2. 我国时间银行的特点

"党建引领、政府引导、社会参与"是中国时间银行的特色。目前我国的时间银行主要分布在东部地区，应用于养老服务领域。西部地区和其他社会服务领域的应用相对较少。

我国时间银行经过多年发展，存在着以下问题：

- **应用领域单一**：我国的时间银行目前主要集中在养老领域。虽然这种应用方式抓住了当前社会老龄化这个重要问题，但单一的应用方式没有将时间银行的价值充分发挥出来，形成更为丰富的公益生态，解决更多的社会问题，创造更大社会融合。

- **内生力量不足**：我国时间银行在发展方向上由党建引领、政府引导，但实施主体主要是社会服务机构。在有政府采购的情况下,时间银行作为一个项目能够保持正常运转。一旦项目到期,社会服务机构退出,时间银行的运营就会停滞或中止。

因此我国时间银行发展应加强本地化,培养社区内的团队和组织开展时间银行运营。时间银行机构要积极动员社会各方力量参与,链接更多资源,形成可持续发展的良性模式。政府与时间银行的关系应该是引导、支持、监督。积极宣传时间银行理念,鼓励社会组织开展时间银行运营,对已经开展起来并有一定基础的时间银行给予政策和资金方面的支持,扶持它们做大做强。

● **信息化程度不高**:有些地区的时间银行采用存折或账簿手工记账,有些使用简单的电子表格。虽然这种方式简便易用,但也容易出现管理混乱等问题,而且不利于信息传播。

提高信息化水平可以更好地推进时间银行发展。通过众多 IT 从业者和芳邻时间银行的多年努力,我国的时间银行系统在功能设计、操作友好和使用成本上已经可以很好地满足用户需要。现在是应用落后于系统,信息化程度不高的主要原因在"人"。从实践情况看,只要机构能安排一个稍懂计算机网络的人员就可以顺利地完成时间银行软件部署。

● **出现功利倾向**:有些时间银行的积分用途过于物质化,往往只用于兑换各种生活物资或者现金。这种简单的应用方式有违时间银行的初心。

时间银行的核心价值观是倡导人与人的双向互助,目的是增进人际连接,创造更多社会资本。时间银行积分应该更多地用于人的服务价值流转而不是物资现金的兑换。时间银行机构需要更多地开展互帮互助活动和能让参与者聚集在一起的团体活动,增强社区凝聚力。

另外,在我国一些时间银行研究资料中常常提到积分"通存通兑",认为要用它解决积分异地使用的需求。这个问题在国外的研究资料中较少看到。时间银行是一种地域属性非常强的社区服务,"通存通兑"产生的前提是时间银行在很大的地理范围内开展起来,它是一个自发产生的过程而不是自上而下设计的结果。在信息化系统中,积分"通存通兑"是一个比较容易解决的技术问题,只要有应用的需求,就可以在系统中实现。

2021年3月11日,十三届全国人大四次会议表决通过了关于《国民经济和社会发展第十四个五年规划和2035年远景目标纲要》的决议。"十四五"规划指出:"支持和发展社会工作服务机构和志愿服务组织,壮大志愿者队伍,搭建更多志愿服务平台,健全志愿服务体系。"这一精神为我国时间银行发展开辟了新局面,相信随着社会公众对时间银行认识的加深,全国各地社会组织的不断成长,我国的时间银行可以发展出更为丰富的模式和特色。

第三章

时间银行的挑战

树木的生长不会一帆风顺,风雪雷电、病毒虫害在侵蚀它的同时也在塑造它。

一、志愿服务与时间银行

时间银行的特征之一是以志愿服务精神为核心。我国对志愿精神的表述是"奉献、友爱、互助、进步"。联合国前秘书长科菲·安南在"2001国际志愿者年"启动仪式上的讲话中指出:"志愿精神的核心是服务、团结的理想和共同使这个世界变得更加美好的信念。从这个意义上说,志愿精神是联合国精神的最终体现。"

时间银行的这个特征说明它是在志愿服务基础上发展而来,是志愿服务的一种模式。时间银行与传统志愿服务既有共通之处,又存在区别。二者的区别体现在以下方面:

1. 思想观念区别

传统志愿服务习惯单向无偿付出,时间银行强调双向互助服务。

由于生理、精神、经济等方面的原因,有些弱势人群认为他们无法为别人贡献任何东西,也没有任何条件在需要的时候获得帮助,这种消极心态很容易让人进入持续沉沦的"下行螺旋"状态,最后与社会越来越疏远。一些社会组织在开展公益慈善活动过程中仅根据自己的需要来看待受助者,没有思考如何发挥受助者的主观能动性,体现他们的价值。这是一种基于"赤字"的社会服务模式。这种模式容易养成受助者的依赖性,无法从根本上帮助受助者获得脱离困境的能力。

时间银行是一种基于"资产"的公益模式。它认为每个人都可以为他人作出贡献,每个人既是给予者又是接受者,即便是弱势群体也能服务他人。受助者通过帮助别人可以认识到自身的价值,建立自信和自尊并学习一定技能，为以后立足社会打好基础。这个过程同时也有效地增加了社会资本。

在英国的一个时间银行案例中，一位已经 80 岁，几乎失去自理能力，每天需要护理员帮助的老太太加入了时间银行。她虽然很想帮助他人，但一直苦恼于自己没有能力。在一次闲聊中，时间银行协调员得知

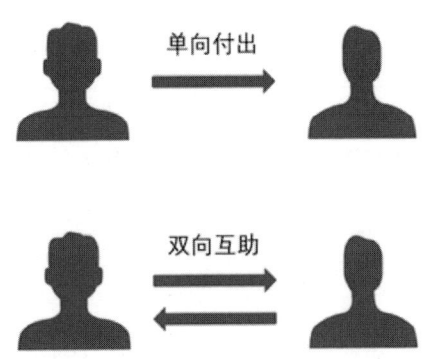

单向付出与双向互助

她年轻时是一位家庭科学老师，而社区正好有一片土地准备种植蔬菜。于是老太太用自己的专业知识为其他成员提供耕种指导，后来她又和护理人员一起开发了美味的土豆派食谱并做出来和其他成员分享。这些行为让她获得了时间积分，她可以用积分回馈送自己去理发师那里的志愿者。

2. 思维方式区别

时间银行是公益生态思维，而志愿服务是公益项目思维。

"生态"概念来源于生物学，是指一个由不同类型生物种群及其所处环境通过相互支持与制约而形成的动态平衡统一整体。大至一片森林、小至一个池塘都可以构成一个完整生态。公益生态是通过跨界整合，打破原有组织边界，通过纵向行业链和横向服务、合作关系扩展，实现价值重构，追求共同成长的体系。

公益项目是为了实现特定社会目标，在一定时间、资源等约束性条件下开展的一系列关联性工作和公益活动。

生态思维采用整体协同进化的观念，强调组成关系的多元性和价值联系的多样性，并以开放、循环方式实现整个体系的共同发展。

公益生态与公益项目对比表

	公益生态	公益项目
周期	持续不断，永续发展	有明确起止时间，一次性
目标	价值重构，共同成长	实现特定的社会目标
资源	打破边界，跨界整合	相对固定

3. 组织结构区别

志愿服务活动一般采用树状组织结构，时间银行活动较多采用网状结构。

工业革命以来主流的组织结构是结构层次分明、分工明确的树状结构。在环境稳定、需求明确的情况下，这种结构可以实现效率最大化。在树状结构组织中，要求高层管理者对整体情况全知全能，及时下达指令给基层。但在组织的规模、范围扩大后，管理者有能力掌控全局的可能性太小了。这时就会出现组织行动力迟缓、创新力下降、反应速度变慢、沟通成本变高等问题。

网状组织结构是由大量的小团体、个人在被授权范围内随时根据当下局势采取最应该行动的扁平化组织。成员有一致的愿景，信息共享、沟通透明，在规则约束下决策去中心化。高层的重点在建立、维系网络，确保信息能够互通，彼此协作。网状组织结构可以吸引更多服务供给，快速反应、及时响应社会服务需求。网状组织结构的总部有很大的弹性，能够有效减少运作成本。组织结构从树状结构转变网状结构，将组织从控制型转变为赋能型，能够真正为创新创造更多空间。

随着区块链技术应用发展起来的去中心化组织结构（DAO）就是网状结构。它能最大化地实现组织的效能及价值流转，用"共创、共建、共治、共享"方式创造更高的效率，降低信任成本和沟通成本，满足不确定、多样、复杂的环境和服务需求。

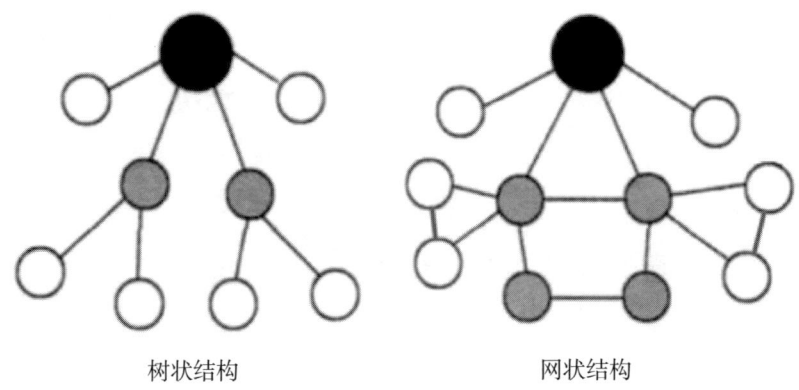

树状结构　　　　　　　网状结构

4. 业务流程区别

时间银行有完整流程闭环,而志愿服务的数据呈线性流动。

闭环是指业务的各个环节构成完整循环,每个节点都有反馈,每个反馈都有意义和价值判断,系统在这个过程中可以实现自增长。时间银行的闭环由"公益项目—活动策划—活动执行—反馈激励"组成公益全流程,积分贯穿始终。在时间银行内完成的任务用积分进行价值衡量和及时激励,并推动价值流通,实现社会资本增长和组织可持续发展。

而志愿服务一般只聚焦公益流程中的项目和活动节点,只有服务时长一个指标。业务和数据是线性单向流动,没有形成完整的公益流程闭环。

时间银行的闭环特点有利于整合社区的各种资源,如公共服务设施、公共活动空间、社会服务组织、社会团体、社区商户、工商企业……共同打造一个多方参与、合作共赢的社区公益生态圈。

因为不同机构的时间价值观念不同,获取资源的能力区别也很大,时间银行并不存在通用的模型。必须根据本地的服务供求和机构特点,在团队共识的基础上进行个性化设计。志愿服务相对而言较简单,按照相关法规、制度流程执行即可,不同的志愿服务组织除服务范围有区别外,其他方面差异比较小。

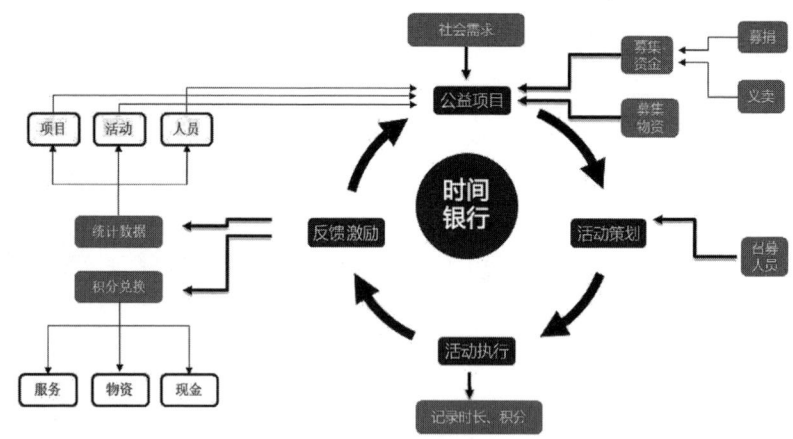

时间银行闭环

5. 其他区别

美国和英国的一些研究发现，通过对人们投入的时间和努力给予价值和激励，时间银行更容易吸引那些不愿意参与传统志愿活动的人，并且能在组织中保留更长时间。与传统的志愿服务相比，他们认为时间银行：

- **更灵活**：不需要承诺固定的时间，可以随时发起和参与互助活动。
- **更轻松**：避免制度性的志愿组织活动，让人们更容易发展友谊。
- **更容易获得**：交流便利，重视那些可能被忽视的技能。
- **聚焦本地社区**：人们更愿意将自己的努力用于离家近的地方。

从上面的分析可以看出，时间银行不能等同于志愿服务，但二者也不存在明显的二元对立。时间银行的参与者如果不想通过自己的服务获得时间积分，可以将它捐给需要的人或所在的时间银行——这是一种双重的利他行为。时间银行可以用捐赠的积分来帮助那些需要帮助但自己没有能力获得积分的人。

由于志愿服务具有"自愿、无偿、利他"的特点,有一种观点认为时间银行的积分回馈和积分兑换违背了志愿服务的"无偿"原则,所以参加时间银行活动不属于志愿服务。实际上志愿服务并不是绝对地无偿,国务院颁布的《志愿服务条例》提出了对志愿者"纳入学生实践学分;同等条件下优先招用;公共服务机构给予优待"等多种激励方式。民政部颁布的《志愿服务基本术语》也对志愿者补贴进行了定义:志愿服务组织或其他组织对志愿者在志愿服务中支出的交通、通讯、食宿等费用给予的补助。有些地方政府也出台了志愿服务激励措施。这些政策和文件说明适当地激励是激发和鼓励志愿者参与志愿服务的重要措施。志愿服务的"无偿"原则是指不以获得报酬为目的,或者获得的收益与正常市场价格存在落差。时间银行中的积分回馈和积分兑换是一种激励措施,不应该将它视为"有偿"服务。

> **子贡赎人与子路受牛**
>
> 春秋时期,鲁国有一条法律:如果有人将在国外沦落为奴隶的鲁国人赎回来,就可以从国库获得补偿。有一次孔子的学生子贡从国外赎回一个鲁国人,但拒绝了国家补偿。孔子说:"子贡做错了。从今以后没有人会从别国赎回奴隶了。向国家领取补偿不会损伤你的品行,但不领取补偿,鲁国就没有人再去赎回自己遇难的同胞了。"
>
> 子路救了一名溺水者,那人感谢他送了一头牛,子路收下了。孔子高兴地说:"鲁国人从此一定会勇于救落水者了。"
>
> 孔子认为,子路接受谢礼能鼓励人们修养善德,子贡推辞补偿却阻止了人们行善。他能以小知大、以近知远,所以被后人称为"圣人"。

二、社区货币与时间银行

1. 关于社区货币

社区货币(Community Currency,又称"补充货币")是社区组织发行的除国家货币之外的交换媒介，它在特定范围内流通，目的是支持社区经济，实现各种社会、环境目标。据国际补充货币系统数据库（ccDatabase）统计，目前全球共有287种社区货币。在全球数十个国家和地区得到了政府的正式支持。由于社区货币使用范围有限，它与国家货币之间既不存在直接竞争，也无法产生重大经济影响。

社区货币有着悠久的历史，中世纪欧洲教堂用它支付过工人的工资。拿破仑战争和第一次世界大战后、经济大萧条期间，西方各国很多社区先后发行过社区货币，以应对不同时期出现的国家货币短缺、通货膨胀、经济危机等问题，促进地方经济复苏。

世界各国的社区货币

1982年加拿大的迈克尔·林顿（Michael Linton）创造了本地交易系统——LETS（Local Exchange Trading System）。与历史上的社区货币不同，LETS是对传统经济的一种有意识批评性回应，其设计目的与传统经济形成对比。林顿试图将传统货币的价值储存和交换媒介这对矛盾角色分离。他认为金钱仅仅是信息，永远不应该稀缺，它应该在需要的时候出现。当两个人之间发生交易时，一个人从另一个人那里得到商品和服务，就要承诺为网络中的其他人提供一些东西，这个过程既完成交换又创造货币。林顿称这为相互信用（mutual credit）。LETS系统使用法定货币作为单位价值的衡量标准，它只是简单地被用来记录交易和维护账本，而不实际发行货币或以任何方式控制它，维持货币价值的责任交给成员，系统只起到促进使用。这样 LETS 货币的供应总是充足的，它存在于发行它的社区内，由成员自己发行而且不收取任何利息，以此来弥补传统经济的不足。

LETS 是国际上使用最广泛的社区货币，全世界存在过数千个 LETS 组织，但其规模都很小，英国 LETS 组织的平均成员为 72 个。澳大利亚 LETS 组织的成员平均为 145 个。较小的规模有利于保持成员间的信任感，维持更深入、持久的关系。由于 LETS 货币在一些国家并不免税而且会影响成员获取政府的社会福利，因此对低收入人群吸引力并不大。另外，由于 LETS 体系是开放的，存在参与者获得比自己贡献更多的商品或服务后离开的滥用风险。

社区货币有以下作用：

● **充分利用生产资源**：当社区存在资源未充分使用、就业不充分、缺乏购买力等问题时，社区货币可以增加需求，促进生产资源的更大开发，显著增加经济活动。

● **促进社区经济发展**：社区货币用于购买当地生产和当地可用的商品和服务。因此经济活动产生的利益会留在社区，更少地流向其他地区或大企业。这种本地增强效应可以成为居民接受和使用社区货币的动力。

● **保护社区渡过危机**：当经济危机来袭时，社区货币可以起到"隔热毯"的作用，以自给自足的方式抵御危机，使社区更有韧性，增加社区在经济不稳定环境中的生存机会。

社区货币赋能社区发展

2012 年草根经济基金会在肯尼亚蒙巴萨一个定居点启动了 Sarafu 社区货币项目，目标是改善最弱势群体的生活，用经济赋能社区建设。帮助社区利用自身的资源和能力建立基于信任和和谐的商业模式，摆脱对捐赠资金的过度依赖。

项目在开始阶段采用流通券的方式交换商品和服务、孵化各种商业实体，于 2016 年进行了数字化改造。该项目已经在肯尼亚的 45 个地区实施，并发展到南非的 2 个地区，协助了 6 万多家小企业、教堂和学校在本地经济和发展中发挥积极作用。

截至 2020 年，共有 56274 名受益人使用了 Sarafu 社区货币，一年内进行了超过 300 万美元价值的交易。

2. 时间银行与社区货币的区别

虽然时间银行在国外通常被认为是一种基于时间的新型社区货币,但是时间银行与社区货币也存在差异。二者在发展过程中一直互相学习、融合发展。运营机构可根据不同群体和目标选择合适的方案。

时间银行与社区货币的区别如下表。

时间银行与社区货币对比

	时间银行	社区货币
目的	为解决社会问题而设立,专注于增加社会资本	为解决经济问题而设立,促进社区经济发展
价值锚定	以时间为计量基础,以社区共识建立时间价值标准	为便于使用,一般被锚定为国家货币
组织形式	有些与其他社会组织整合,是社会组织的项目或运营工具	一般不依托其他组织,独立运营
运营方式	一般有付薪的专职运营人员。部分执行会员制,甚至收取会费	不设置专职岗位,由志愿者负责,对所有人开放
应用场景	以服务互助为主	应用场景丰富,涵盖商品和服务交易
使用方式	根据社区共识建立统一的价值计算方法,减少使用障碍。服务价值比较固定	与法定货币一样,使用过程中需要价格谈判。商品和服务的价格会有波动
政策环境	政府一般认定它为志愿活动或者第三类的"无偿工作",不会将其纳入税务、金融管理	政府可能认定它属于经营性活动,会进行税务、金融方面的管理

三、时间银行的内外部挑战

自从日本的水岛照子女士创建第一个时间银行以来,时间银行已经走过了半个世纪的历程,全世界的实践者和研究者对其倾注了大量心血。总结过去的经验和教训对时间银行未来发展有着重要意义。分析众多资料和案例，总结出时间银行面临着以下的挑战：

1. 内部挑战

● **参与者的观念**：热心公益慈善的人往往有不求回报的初心。"提供服务获得积分奖励再去使用积分"在很多人看来是违背初心的行为。时间银行需要改变这种心态，让人们了解时间银行和传统志愿服务的区别：首先，积分应该看作一种激励而不是有偿回报，组织和个人都需要及时合理的激励以强化行为动机；其次，使用积分寻求帮助实际上是为他人提供了表现自我、实现自我的机会，同时有效增加了社会资本，是双重利他行为；最后，自己不使用的积分可以赠送给需要的人，这是又一次的善举。

● **运营方的定位**：有的机构负责人决定运营时间银行后，往往将其直接交给基层工作人员，以为这样就万事大吉可以坐等成果了，但这种做法几乎都会无疾而终。时间银行实际是"一把手"工程，机构的负责人或管理高层团队应该对它的运行承担责任。很多公益项目都有执行期限，项目时间到了就可以结案。但时间银行无论用于组织内部还是提供外部服务，除了明确是试点性质外，启动后都要以持续发展为目标。运营时间银行是一个战略性的决策而不是一项简单

善的循环——时间银行

台湾持修积善协会在花莲推动"时间银行多元培力试办计划"。执行团队发现参与者多存少提，鲜少将时数使用在自己身上。为让双向互助观念扎根，特地规划幼儿参与服务，带领学童参与小区事务，例如"小店长""小图书管理员""一日农夫体验及小区爷奶关怀"等服务内容，引导幼儿学童将累积点数兑换字典等物品。

为维护弱势家庭尊严，引导个案投入小区事务，每月将服务时数兑换冷冻生鲜食材，从被动领取到主动兑换，无形间消除了不对等的歧视。另外，还有小区志工用服务时数交换讲师来授课、捐赠服务时数给需求家庭交换简易修缮服务等，整个小区通过具有意义性的方式，传达关心与照顾。

的技术性工作。必须由高层领导做决策和调控，带领团队制定目标、设计运行机制、整合内外资源，形成广泛的共识并坚决执行才有成功的可能。

● **个性化的模式**：时间银行是很好的社区能力建设工具，它的应用场景非常丰富。由于社区的地理位置、居民构成和其他条件不同，需求和供给也千差万别。不同团队对相同时长、不同类型服务是否等值的看法也不一样。所以时间银行并没有普遍适用的模型，每个时间银行的运营方需要根据本地实际情况和团队共识精心设计出满足社区需求和匹配机构资源的时间银行模式。

● **提高活跃度**：时间银行无法在一个孤立的环境下运营，定期聚会和非正式会议可以促进交流、发展友谊。不需要正规的活动，有时一个简单的茶叙就足够了，既可以建立团体的凝聚力，又可以为那些能力较弱者提供新的机会。时间银行协调员最好是当地人并接受过良好的培训和有效的管理，能够应对运营一个成功的时间银行所带来的压力。协调员花越多的时间与社区的人交流，与当地其他组织沟通并鼓励他们参与，时间银行就越容易成功。

● **与陌生人互动**：能与不认识的人打交道是时间银行的优势，成员之间通过服务互助共同创造社会资本。但这种方式也会让部分人不适应，例如，服务请求者可能不相信服务提供者会按约定的时间和地点出现，或者服务质量可能得不到保障。时间银行软件应该提供成员的基本信息，如服务数量、服务评价、个人资质等，帮助服务请求方确定合适的人选。

● **资金支持**：时间银行日常运营的各项行政成本需要现金支出。虽然在经济状况较好的社区中，时间银行没有外部支持也能蓬勃发展，但稳定的长期资金更有助于时间银行持续成长。如果政府和基金会将时间银行作为一种工具，通过它提供广泛的社会服务，那么时间银行可以避免陷入各种资金申请流程，能将精力更多用于与合作伙伴和参与者的交流中。当然机构自身也应该发展更多的资金来源渠道，本书介绍的各种案例可以为这方面提供一些启发。

更重要的是，无论资金情况如何，时间银行的运营者都要明确：时间银行正在努力建立一套新的互助体系，金钱不是唯一的价值衡量标准，不能定义什么是真正的工作。

2. 外部挑战

● **公众的看法**：吸引更多居民加入时间银行可以有效增加时间银行的需求和服务供给，但是在社区凝聚力和信任严重不足的地区开展时间银行运营时，可能会遇到冷漠和嘲笑。时间银行运营方可以开展一些创造性的群体活动吸引各年龄段的个人和家庭参加，让人们有聚会的机会并互相认识；与公众进行有效沟通，介绍时间银行的理念、运作方式和作用；讲述在时间银行里发生的故事，以此来培养彼此间的信任、交流和包容感，转变公众的思想。

● **政府的支持**：政府支持是时间银行成功的因素之一，但政府应该注意参与的方式和角色。可以参考政府与商业银行的关系：政府扮演规划设计、指导协助和裁判的角色，用政策、资金从宏观上推动时间银行的发展，由社会服务机构承担时间银行的具体运营工作。在法律框架内鼓励每个时间银行自下而上发展出各具特色的运营模式。政府不宜出面制定过于细致的时间银行运营办法，不宜直接对时间银行参与者做出长期的经济和福利承诺。

● **本地化发展**：有些社会服务是在很大的地理范围内公开招标采购而来

> **美国最长寿的时间银行**
>
> 美国的 Partners In Care 时间银行成立于 1993 年，至今保持在四个地区运营。该机构独立于美国时间银行网络（TimeBanks.org）之外，致力于为 60 岁以上老年人提供独立生活的能力。
>
> 其创始人一直将财务问题放在重要位置，通过向会员提供收费的增值服务、二手品商店、社会捐赠等方式开辟了广泛的收入来源。机构鼓励会员进行遗产捐赠，因为工作人员和会员的生活长期交织融合在一起，捐赠者会认为是在为家人留下遗产，这也是他们离世后继续支持 PIC 使命的一种方式。

的，中标单位派出人员在有限的时间内完成任务即可。这种方式并不利于时间银行的发展。基于本地现有的组织机构建立时间银行比"外部采购"更容易成功。将时间银行与本地机构的另一个目标结合，作为一个工具增加公众参与和提供动力。让时间银行从"要我做"变成"我要做"，从"别人的事"变成"我们的事"，这样可以避免出现敷衍了事、数据造假等情况，有利于社区建立长期的互信、互助、团结、合作关系。

● **增加供给**：时间银行活跃度降低的一个原因是参与者无法获得他们需要的东西。时间银行中有些服务提供得过多，有些服务又供给不足，存在缺口。对此，可以积极招募有技能的个人和团体扩大服务范围，另一种解决服务短缺的方法是更多地开展 DIY 活动，发展参与者的技能和能力以满足需要。

还有一种方式可以增加供给：吸引企业和其他服务提供商提供剩余产能或商品——比如折扣券、二手商品、临期食品、未售出的门票……提供方也能获得时间积分。时间银行使用这些资源为参与者提供时间积分激励。

第四章

时间银行建设指南

一年之计,莫如树谷;十年之计,莫如树木;终身之计,莫如树人。

——《管子·权修》

一、创建时间银行的步骤

阅读到这里相信你对时间银行已经有了全面的认识，或许正在思考：时间银行确实很好！我们为什么不建立一个自己的时间银行呢？

下面向你介绍创建时间银行的步骤：

1. 创建前的思考

时间银行创始人思考社区在以下哪些方面存在未满足的需求：
- 老年人照顾、青少年教育或者其他弱势群体关怀
- 居民的身体健康、心理健康
- 居民的业余生活与兴趣爱好
- 社区认同和归属感、良好的邻里关系
- 失业人口的就业培训和经济需求
- 生态保护、环境卫生
- 治安管理、秩序维护
- 支持本地的社会组织和公益项目

社会上存在哪些未充分应用的资源：
- 社区的公共活动空间
- 周围各种学校的设施和课程
- 社区商户的服务和商品
- 各种兴趣团体和非营利组织
- 退休或其他原因赋闲在家的居民
- 居民家中的闲置物品

虽然市场可以进行需求和供给的匹配，但供需完全对应的理想状态是不存在的。现实社会永远存在未满足的需求和未充分利用的资源，时间银

行是连接这两端的工具。航空公司的积分系统提供了很好的证明：即使在一个高效运营的商业环境中，也可以用未使用的资源（空余座位）来获得一些东西（会员忠诚度）。

2. 开展头脑风暴

召集对时间银行有兴趣的人员和朋友，在他们已经了解时间银行基本知识的基础上，用正式会议或非正式聊天的方式讨论以下问题，并形成结论、达成共识。

- 我们要用时间银行满足哪些社会需求？
- 我们成立时间银行的愿景和使命是什么？
- 有了时间银行，我们的生活将发生哪些改变？
- 哪些人或组织可以帮助、支持时间银行发展？
- 哪些人对时间银行感兴趣或者可以加入时间银行？
- 不同参与者使用时间银行的场景是什么？

> **愿景与使命**
>
> 愿景（Vision）是"获得"。即组织未来希望发展成什么样子，在哪些领域取得什么样的成就和地位。
>
> 例如：芳邻时间银行的愿景是"成为社会创新的最佳合作伙伴"。
>
> 使命（Mission）是"给予"。即界定组织正在做的事，为谁解决哪些问题，创造什么价值。
>
> 例如：芳邻时间银行的使命是"助力创造社会资本，建设平等、友善、互助、成长型社区"。

3. 组建时间银行团队

设定了时间银行的目标并梳理出可用资源后，可以开始组织团队实施组建时间银行计划。团队的人员构成由目标决定，团队成员必须与时间银行的需求和资源有关联。

团队领导人应该由时间银行创始人或所在组织的负责人担任，领导人要切实担当计划、组织、指挥、协调和控制的职能，密切关注时间银行计划的发展方向、进度和存在的问题，并及时给予指导。

由团队中的相关人员制订时间银行运营计划，包括目标、任务、时间和预算，开始寻找支持时间银行长期发展的资金来源。

时间银行协调员是团队中非常重要的角色，协调员的工作任务与岗位能力要求如下表。如果一个人无法承担该岗位的全部工作，可以将工作拆分给多人负责。

时间银行协调员工作职责与岗位要求表

工作职责	岗位要求
招募时间银行新成员，建立与当地组织和企业的合作关系，拓展时间银行资源	具备良好的沟通和营销公关能力，掌握时间管理方法
了解当地情况，掌握加入时间银行的个人和组织的基本信息	良好的人际关系技巧，能与个人和组织建立良好的关系
组织活动为成员提供交流的机会，保持成员的兴趣，推动时间银行应用	有团队建设能力，了解时间银行的理论和服务领域的基本知识
与其他公益机构建立联系，促进行业间合作	了解公益慈善行业，有公益行业工作经历
管理时间银行系统，维护时间银行数据	掌握基本IT技能，保守秘密，有良好的个人信用
提供时间银行系统操作培训，解答用户使用过程中的问题	掌握时间银行系统前端与后台的使用方法
及时协调问题、解决纠纷，保障时间银行正常运转	保持热情，能自我激励，能处理具有挑战性的事情
设计时间银行的海报、单页等宣传物料	有美术欣赏能力，能够撰写时间银行的文案
撰写项目报告，申请项目资金	掌握公益项目报告撰写方法和基本财务知识

4. 选择媒介和平台

时间银行可选择的媒介有两种：一种是常见的纸券或存折；另一种是电子媒介，即数字化积分。早期的时间银行通常使用纸券存折，这种方式容易操作、成本低廉。它的缺点也很明显：容易伪造、容易遗失、使用方式有限、不利于传播。数字化积分在时间银行系统内发行、使用，它不仅克服了纸券存折的缺点，还能提供服务质量评价、监测管理等功能。但它的使用成本比纸券高，对老年人不太友好。

在移动互联网时代，用信息系统支持时间银行运行应该是首选。选择时间银行软件的方法如下：

● **明确需求**：根据时间银行的目标、使用人员和应用场景列出功能需求清单，不要被软件中五花八门的词汇、概念迷惑。

● **功能匹配**：了解时间银行软件的功能，根据列出的需求清单选择合适的软件。如果现有软件与自己的需求不能完全吻合，一方面可以看软件是否能解决重点问题，不要被一些次要需求阻碍；另一方面还可以适当调整需求，与软件已有功能匹配。

● **选择配置灵活的软件**：软件本质上是思想的体现，它包含了设计者对要解决问题的认识和看法。与开发商多沟通，分析他们的设计思想与自己的想法是否一致。时间银行应用场景丰富，运营模式多样，未来发展变化扩展性高。最好选择能满足个性化需要、自定义功能强大的软件。

● **选择软件交付方式**：传统软件交付流程包括"需求沟通、方案设计、开发、测试、安装调试"等步骤。这种方式周期长，费用高，需要持续投入人员和资源维护。"SaaS"（Software-as-a-Service，软件即服务）是一种新的软件交付方式，具有云端架构、付费方式灵活多样、维护成本低和迭代速度快的特点。不同机构可以根据自己的特点选择合适的方式。特大型组织可以进行定制开发或者用现成的"SaaS"软件进行私有化部署，中小型组织比较适合"SaaS"方式。下表比较了两种交付方式的优缺点。

两种软件交付方式比较

	SaaS 模式	传统软件交付模式
部署方式	云端架构	本地部署
付费方式	租赁，按月/年支付费用	一次性投入
维护成本	无	硬件+软件维护成本
迭代方式	迭代速度快	迭代速度慢，需要主动升级

5. 建立时间银行

设置一个时间银行的办公地点，最好有办公区、接待区和展示区三个区域，同时是配置电脑、网络等设备的办公环境。

确定若干个可以聚会的空间场所便于以后开展活动。例如，社区的公共活动场地、图书馆、商业空间和户外聚会场所。

制作时间银行的宣传资料，准备时间银行的会员手册。利用一切媒体资源介绍时间银行的信息、可以实现的目标、讲述时间银行的故事。时间银行可以提供非常多的价值，宣传工作应该仔细分析目标对象的痛点、收益，避免将时间银行描述为弱势人群的解决方案，否则这会对公众参与产生不利影响。应该将时间银行活动定义为建立社会关系网络和分享知识、能力的机会。

设计时间银行的运营方式。时间银行软件最好具备以下三种方式的灵活配置能力：

● 中心化运营：机构建立时间银行平台。所有供求信息全部由时间银行机构发布，任务由机构派单。机构承担时间银行全部的运营与管理责任。

● 去中心化运营：机构搭建时间银行平台，仅提供技术维护服务。动员参与者自发开展各种互助活动。机构在时间银行的日常运作上与其他参与者的权利基本相等。

- **弱中心化运营**：机构搭建时间银行平台，按一定的条件将时间银行参与者划分为不同角色，给不同角色赋予不同权限。时间银行机构积极引导、推动参与者在时间银行运营中承担更多责任。

精心设计时间银行积分的使用流程，尽量多地创造积分的应用场景，确保每个业务都有完整的闭环。让每个参与方（个人及其亲友、志愿团体、社会组织、资助方）都可以在时间银行中顺利地获得积分、使用积分。不要让参与者感到阻碍和沮丧，更不能让积分沉淀在参与者的账户中。流动的积分可以产生乘数效应，创造更大的价值。

6. 开始时间银行工作

联系能帮助时间银行发展的个人和组织，获得他们在人力、资金、物资、场所等方面的支持，丰富时间银行中的服务供给和兑换内容。

发出时间银行启动邀请，注册第一批新成员，初期的成员发展数量目标建议设定为50人（时间银行普遍的生存临界数量）。在起步阶段可以专注于吸引已经相互认识的人（家庭成员、邻居、同学等），这样能提高参与者加入一个新社群的舒适度。

向创始成员发放一些积分以启动第一轮互助。帮助参与者链接彼此的资源，开展互助活动。时间银行的互助方式可以分为以下四种：

- **1对1**：一个人为另一个人提供顺风车服务。
- **1对多**：一位传媒专家向十名参与者讲授自媒体运营知识而获得积分。
- **多对1**：三名参与者为一名参与者做家务而获得积分。
- **多对多**：多个人因为筹办和参与社区义卖活动而获得积分。

7. 持续发展

永远不要停止发展新成员。与所有志愿组织一样，时间银行在发展过程中成员会因各种原因流失。更多的参与者可以提供更广泛的服务内容，

> **网络效应**
>
> 网络效应指系统中的参与者数量的增加导致网络及其服务的价值和利用率提升。随着更多人加入网络，用户会从服务中获得更大的价值，并形成良性循环，进一步促进服务需求提升。简而言之，用户越多，网络价值就越高。
>
> 要建立网络效应，就必须达到爆发的临界点。网络中每增加一个新的参与者，其价值也会随之上升。因此，已经加入网络的用户就会主动寻找新的参与者，并推动网络增长。很多时候，没人能搞清楚网络效应是如何产生的，但一旦产生了，就不会轻易消失。不过随着网络不断扩张，增速会逐渐放缓。

创造在不同类型的人之间建立连接的机会，有效增加社会资本。更大规模的时间银行还能增加成员对组织的信任，可持续性更强，形成正向的网络效应。

协调员要了解每个加入的成员，知道他们需要什么，能提供什么，向成员寻求改进的想法、支持和鼓励。

对参与者进行筛选和背景调查，以确保安全。建立参与者评级制度，识别出表现优秀的人，为那些积极提供服务的参与者提供额外的奖励。

开展团体活动，使时间银行成员相互了解并建立关系。

内部定期开会，讨论运营过程中各种措施的得失，持续改进提高。

评估成员加入时间银行前后的变化，更清晰的良性改善数据和动人故事是获取资金支持的有力证据。

二、时间银行的财务分析

1. 时间银行的运营成本

时间银行的持续发展需要投入资金，将时间银行整合到社区现有的组织中能有效缩减开支，比作为一个独立项目更容易成功。运营时间银行需要投入大量的时间和精力，在开始阶段最好配置全职工作人员，运营稳定后可以用兼职人员提供支持，人力成本是时间银行运营的主要成本。

据美国时间银行(TimeBanks. org)研究,一个没有专职运营人员的时间银行成本达到20美元/年/人,增加一个兼职运营人员成本马上提高到80美元/年/人,而一个人员齐备、服务于特定领域的时间银行花费可达数百美元/年/人。[①]

时间银行的资金可以用以下方式获得:

● **会费**:会员定期向时间银行缴纳会费。

● **捐款**:发布公益项目,向特定对象或者社会公众募捐。既可以为时间银行自己募款,也可以为某一个具体的社会问题发起募款。

● **义卖**:开展线上和线下的义卖活动筹集资金。

● **经营收入**:创办社会企业开展赢利性业务,部分收入或利润用于支持时间银行。

● **申报公益项目**:撰写时间银行项目书,向基金会、政府部门申请资金。

下表是一个二线城市的时间银行一年运营成本预算:

时间银行年度预算表

科目	内容	金额(元)	备注
执行人员成本	薪资及补贴	72000	一位全职时间银行协调员
	差旅费	2000	—
建置费用	时间银行系统	5000	不同版本价格存在差异
活动费用	宣传费用	2000	—
管理成本	运营人员成本	30000	—
	租赁费	15000	办公场地、设备
	教育训练	1000	—
合计		127000	—

[①] https://timebanks.org/timebankingabout/.

其他成本可能包括招聘费用、管理咨询费、项目评估费和其他所在地区的特定成本。

上表中时间银行系统的成本按平均值估算。预算不足的机构可以使用时间银行系统的免费版本。

2. 时间银行的投资回报

英国时间银行（Timebanking UK）曾经使用第三方工具——HACT社会价值计算器和HACT价值洞察软件（https://hact.org.uk）对多家时间银行产生的社会价值进行过评估。结果显示时间银行的两年投资报酬率达到惊人的800%-900%。

● 案例1[①]

英国的巴内特时间银行（Timebank Barnet）成立于2014年3月。截至2017年7月，该时间银行350名会员的互助时长为3800小时。英国时间银行对巴内特时间银行2015—2017年在"志愿服务和公民参与、社区和邻里关系、健康和福利、就业和获得服务"等方面的成果进行了分析，共测量了160个结果。

研究发现，2015—2017年巴内特时间银行创造的社会总价值为518251英镑，消耗的总成本为55479英镑，社会价值回报为462772英镑。即每花费1英镑可产出9.34英镑的社会价值，社会投资报酬率为834%。

● 案例2[②]

伦敦时间银行网络（LTBN）从2006年开始运营。在伦敦及其周边的10个行政区有23家时间银行，5812人参与社区互助。2017年其中的18家时间银行成员共交换了25903小时。英国时间银行对伦敦时间银行网络的5

---

① Timebanking UK. Calculating the social value of person to person Timebanking [EB].
② Timebanking UK.Evaluation and impact of London-time-bank-network[EB].

家成员单位进行了 2015—2017 年度的社会价值评估,共测量了 934 项结果的社会价值。

评估结果显示,五家时间银行在两年时间内创造的社会总价值为 3093886 英镑,花费的总成本为 306951 英镑。社会价值回报为 2786935 英镑。即每花费 1 英镑可以产出 10.08 英镑的社会价值,社会投资报酬率为 908%。

三、时间银行的法律关系

时间银行在我国已经有 20 多年的发展历史,它的运行和发展离不开法律的保障。虽然一些地方政府采用了行政立法的方式,来确定时间银行的合法性,积极推动时间银行的发展,但时间银行法律上的权利义务如何确定目前仍没有统一法律规定。在时间银行的体系中,时间银行、服务需求方、服务提供方构成了稳定的三角关系,现就相关法律问题分述如下:

1. 时间银行成立的法律依据

时间银行遵从的法律依据法源如下:

- 《中华人民共和国民法典》

《中华人民共和国民法典》第八十七条规定:为公益目的或者其他非营利目的成立,不向出资人、设立人或者会员分配所取得利润的法人,为非营利法人。非营利法人包括事业单位、社会团体、基金会、社会服务机构等。

《中华人民共和国民法典》第九十二条规定:具备法人条件,为公益目的以捐助财产设立的基金会、社会服务机构等,经依法登记成立,取得捐助法人资格。

- 《中华人民共和国慈善法》

《中华人民共和国慈善法》第三条规定:本法所称慈善活动,是指自然人、法人和其他组织以捐赠财产或者提供服务等方式,自愿开展的下列公益活动：

（1）扶贫、济困；

（2）扶老、救孤、恤病、助残、优抚；

（3）救助自然灾害、事故灾难和公共卫生事件等突发事件造成的损害；

（4）促进教育、科学、文化、卫生、体育等事业的发展；

（5）防治污染和其他公害，保护和改善生态环境；

（6）符合本法规定的其他公益活动。

《中华人民共和国慈善法》是在民法体系下对于慈善法律体系的一个补充，也是时间银行存在的一个重要法律基础。

● 《志愿服务条例》

《志愿服务条例》第六条规定：本条例所称志愿服务组织，是指依法成立，以开展志愿服务为宗旨的非营利性组织。

从《中华人民共和国民法典》到《志愿服务条例》，时间银行的成立有着充分的法律、行政法规的依据，是我国的民事主体，也是我国慈善事业中不可或缺的一环。

2. 时间银行运营的注意事项

无论是哪种类型的时间银行，只有依法成立才能合法开展业务。时间银行在运营时，有以下法律问题需要加以注意。

● **参与者入驻身份信息的核验**

如果时间银行是基于互联网技术提供公益信息的服务平台。根据《互联网用户账号信息管理规定》第九条：互联网信息服务提供者为互联网用户提供信息发布、即时通信等服务的，应当对申请注册相关账号信息的用户进行基于移动电话号码、身份证件号码或者统一社会信用代码等方式的真实身份信息认证。用户不提供真实身份信息，或者冒用组织机构、他人身份信息进行虚假注册的，不得为其提供相关服务。

但法律并不禁止不进行身份认证的游客访问时间银行的网站或小程序、App。

- **合法收集、运用公民个人信息**

近年来，侵犯公司、个人信息的行为屡见不鲜，甚至此类犯罪行为亦是高发。因此，时间银行必须严格按照《中华人民共和国个人信息保护法》的要求收集参与者的信息，应遵循最小必要原则，并征得用户授权同意。

（1）时间银行须在征得用户自主选择同意后，才能处理个人信息。不能将多项业务功能和权限打包，要求用户一揽子接受并授权同意。

（2）在个人信息处理目的、处理方式、收集范围、保存期限等方面，需要满足"最小影响、最小范围、最短时间"的要求。具体如下：

个人信息处理应当具有明确、合理的目的，并与处理目的直接相关，采取对个人信息影响权益最小的方式。

收集个人信息应当限于实现处理目的的最小范围，不得过度收集个人信息。除法律、行政法规另有规定外，个人信息的保存期限应当为实现处理目的所必要的最短时间。

只有在具有特定的目的和充分的必要性，并采取严格保护措施的情形下，个人信息处理者方可处理敏感个人信息。

（3）时间银行还须对自身信息处理行为的目的正当性与处理必要性进行充分说明，明确提供基本功能服务所必须收集的个人信息范围，并与业务部门及时沟通调整实际收集个人信息的范围。

（4）运营中保障时间银行参与者查询、更正、删除、拒绝等主体权利。

- **对参与者的管理**

时间银行不仅要遵守国家关于互联网信息服务的管理规定，同时还需要遵守《志愿服务条例》，对参与者在招募、权利保护、能力培训、服务安排、激励回馈、经费保障、信息记录等方面进行管理，并建立相应的投诉、举报等监管制度。

（1）参与者接受平台的规则后方可入驻。

（2）确认身体状况能提供符合要求的服务。必要时要求参与者提供相应的体检证明。

（3）参与者应有相应的服务能力。如对一些患有重症的服务对象提供服务时，必须具有相应的医学常识。

（4）参与者原则上自愿在平台上提供服务，但个别情况时也应接受平台指派的任务。

（5）参与者需要在平台上明确可提供服务的时间、内容、地点等，以及是否需要有相应的工具，如带行动不便的老年人散步，是否要准备轮椅、拐杖等。

（6）参与者不得与服务对象进行金钱上的交易。但参与者提供服务必须支出的经济成本，时间银行也不反对服务对象承担为此支出的成本。这种金钱上的支付仅仅是作为服务的必要性支出，不属于劳动报酬也不具有劳务报酬的性质，不会改变参与者的无偿服务性质。

（7）建立必要的诉设、惩戒机制。例如，参与者提供服务时，因不能及时服务导致严重后果的，或虽然没有严重后果，但不按计划提供服务，达到一定次数的失约，将取消参与者的资格，或直接从积分中折抵。但也可以允许参与者之间相互进行时间的调剂。

3. 时间银行与参与者的法律关系

- **时间银行与服务提供方的关系**

首先要明确时间银行与服务提供方之间不是劳动关系。因为根据《中华人民共和国劳动法》以及《中华人民共和国劳动合同法》等法律、行政法规及规章的规定，劳动者指达到法定年龄，以从事某种社会劳动获得收入为主要生活来源，依据法律或合同的规定，在用人单位的管理下从事劳动并获取劳动报酬的自然人。时间银行的服务提供方并不是从时间银行获得收入为主要生活来源,其提供的是志愿服务。时间银行与服务提供者之间不具有人身依附性。同时服务提供方并没有年龄限制,退休后仍可以加入时间银行。服务提供方只是个人依托平台自主提供志愿服务。

虽然《志愿服务条例》第十四条规定:志愿者、志愿服务组织、志愿服务对象可以根据需要签订协议,明确当事人的权利和义务,约定志愿服务的内容、方式、时间、地点、工作条件和安全保障措施等。但是基于民事关系中平等民事主体的约定,受到《中华人民共和国民法典》的调整,没有《中华人民共和国劳动法》的社保性,不能适用《中华人民共和国劳动法》及《中华人民共和国劳动合同法》。

其次,时间银行与服务提供方也不是劳务关系。劳务关系在民事法律中也是一种经济活动,服务提供方虽然是以提供服务为义务,但获取报酬是服务提供方的权利。但在时间银行中体现的是"无偿、自愿、利他"原则,提供服务并没有对价产生,只是时间上的交换。虽然时间也有价值,但价值的经济属性并不明确。

时间银行与服务提供方之间是平台关系。平台关系下时间银行的权利义务体现在:

平台是规则的制定者,有权利制定平台的规则。平台的制度规则需要符合法律、行政法规及规章等强制性要求。

平台有权利对服务提供方和服务对象在信息填报、服务内容等方面进行监督。对服务提供方及服务对象之间的服务进行监督,保障其符合法律规定及符合时间银行的规则。

平台对服务需求拥有审查的权利与义务。对不符合平台要求的服务需求,平台有权利要求整改并进行监督。对于拒不改正的,平台有权利依法律或平台规则进行相应的处理。

平台对违反法律规定及平台规则的服务行为有加以制止、责令改正的义务。如平台明知上述行为而不加以制止,时间银行要受到行政处罚,直至被追究刑事责任；如造成服务对象人身、财产损害的，时间银行还要承担连带赔偿责任。

- **时间银行与服务对象的关系**

时间银行作为一个媒介，也是一个信息发布平台，参与者在时间银行注册后，发布可以提供的服务，供服务对象选择。服务对象也会在时间银行上发布信息，供服务提供方选择。所以时间银行是信息发布平台。服务的供求双方是变动状态，存在不确定性，可能会调整角色、工作时间、方式、地点等。

时间银行从专业第三方的角度负有平台的组织、管理职能，时间银行与参与者根据需要签订协议，明确当事人的权利和义务，约定服务的内容、方式、时间、地点、工作条件和安全保障措施等，会更有利于明确双方的权利义务，也更高效地提高公益的效率。

时间银行无偿为服务对象提供发布服务需求信息的平台，解决服务对象的现实困难，在这个过程中不获利。因此，时间银行与服务对象之间没有法律上的权利义务关系。

四、时间银行的成功保障

做好以下这些方面的工作，可以让时间银行更容易获得成功：

- **拥有强大的本地影响力**：以当地的社会组织为基础创建时间银行，或者将时间银行与当地原有的志愿活动结合到一起，用时间银行来实现其目标。邀请当地的人担任时间银行的专职与兼职工作人员。与当地的社会服务机构和企业建立合作关系，争取获得当地政府的支持。

不要一开始就试图建立一个覆盖范围庞大的时间银行，保持有限的地理范围会更容易聚集参与者，开展互助服务。

- **建立适应本地社情的模式**：根据当地的实际情况建立时间银行的模

型。城市与农村、新社区与老社区面临的问题不同,服务需求存在差异;高收入社区与低收入社区的居民满足点不同。开展适合当地需求的时间银行活动,设计满足当地人需要的积分使用方式,为每个业务流程提供完整闭环。

- **优秀的时间银行协调员**:时间银行协调员是一个很有挑战性的工作。这个岗位履职能力的强弱可以决定时间银行能否顺利建立起来,建立后能否正常运营。时间银行协调员应该是一份全职工作,最好是拥有良好的人际关系和沟通技巧的当地人。

- **积极的沟通和活动**:使用自媒体和印刷刊物保持与社区居民定期沟通,经常开展团体活动和社区活动,促进人际交流,增强社区凝聚力。让更多人了解、体验到时间银行的价值并愿意加入。鼓励参与者担任时间银行的行政和决策角色,分享宝贵的知识与经验。开展培训活动提高参与者的应用能力。

- **鼓励提出服务要求**:有些人很难开口请求帮助,有些社区失去了互相依靠的传统。鼓励参与者提出自己的服务需求,同时积极响应他人的求助。比如奖励积分流通最多的参与者,或者为积分设置负利息,让积分不要沉淀在个人账户中。

他们为什么加入时间银行

吉尔·赛芳的时间银行研究报告列出了参与者的四个主要动机,分别是:1. 帮助他人;2. 建立社交网络,结识朋友;3. 分享技能,建设社区;4. 为自己寻求帮助。该报告指出获得积分是最不重要的动机。参与者普遍的观点是"我不会对积分想太多,只是喜欢成为社区的一部分。"

既然积分不重要,为什么它又必须存在呢?对参与者而言,积分有以下几个作用:

★ 积分带来成就感:积分对参与者的工作给予了有形的认可,用于承认和尊重他们的工作。

★ 积分创造仪式感:积分带来的心理暗示能够唤起人们内心的重视,用认真的态度对待所从事的事情。

★ 积分有实际价值:时间积分帮助参与者节省开支,参与者可以使用积分去换取通常需要用金钱才能购买的服务。

- **扩大服务范围、丰富供给**：招募不同年龄、背景、技能和需求的参与者，使每个需求都能得到回应。请当地的企业为时间银行提供积分兑换品，这有助于吸引那些不愿意参加和不需要服务的人参与。发展与当地社会组织合作可以同时增加服务需求和服务供给。

- **管理预期**：明确时间银行的服务范围，让参与者了解它能做什么，不能做什么。虽然时间银行一直要努力扩大供给，每个参与者也在尽力提供帮助，但时间银行不可能解决所有的问题，有些专业服务还是需要付费购买。

- **有足够的资金支持**：制订可持续发展计划，虽然可以用时间积分来支付部分劳动，但有些基础设施和人员费用还是需要现金，其中薪资是时间银行的主要成本。建立时间银行的自身现金收入来源包括成员捐赠、会员费、义卖……

- **选择合适的时间银行系统**：时间银行系统要能满足本机构的需求，各项业务流程有完整闭环，而不是单向数据流动。系统可以根据机构需要进行灵活配置，满足各种模式的需要。参与者操作使用方便，机构购买、后期维护的综合使用成本合理、可负担。

 第五章

时间银行系统

工欲善其事,必先利其器。

——《论语·卫灵公》

一、网络时代的志愿服务

1. 互联网对人类社会的影响

互联网的出现彻底改变了人们传播和获得信息的方式，信息传播的时效性、交互性、覆盖面大大提高。微小的个体也能通过网络发出自己的声音，并借助网络放大，迅速扩散形成巨大的社会影响。随着移动互联网的发展，网络又成为重要工具，对人们的工作与生活方式产生了重大影响。"互联网+"使得很多行业得到重塑，网络已经成为人类社会的基础设施。目前正在兴起的 Web3.0 极有可能成为人类发展进程中一次重要的生产关系变革，它将以去中心化为核心建立一种更为开放、民主、公平的社会生态。

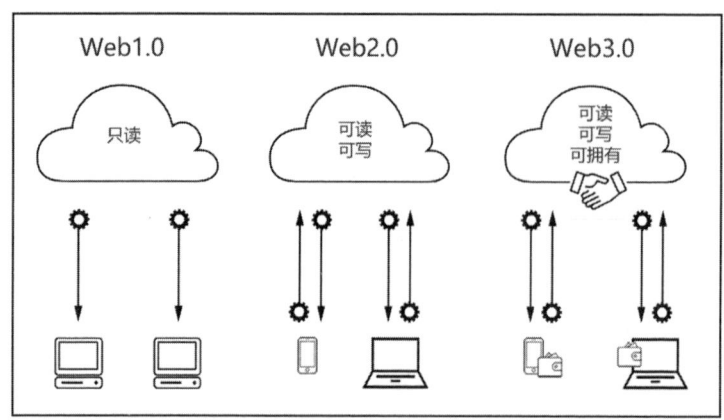

从 Web1.0 到 Web3.0

Web3.0 的基础是区块链技术，区块链是分布式数据存储、点对点传输、共识机制、加密算法等计算机技术的新型应用模式，它具有去中心化、开放性、自治性、数据不可篡改等特点，被认为是下一代颠覆性的新技术。在传统互联网上，信任问题的解决严重依赖第三方机构。如果没有银行、政府或大型机构提供的服务，人们无法确认彼此身份，也无法建立经济往来活动所需的彼此信任关系。区块链技术的出现从底层解决了信任问题，使通过网络直接快速地传输价值成为了可能。互联网从原来的"信息互联网"进入了"价值互联网"时代，Web3.0正在快速向我们走来。

区块链技术也带来了全新的组织形式——DAO（Decentralized Autonomous Organization，去中心化自治组织）。这是一种依靠智能合约运行在区块链上的组织形式，DAO组织编写的智能合约代码被部署到区块链后，参与者通过为组织捐赠资金获得治理代币，融资结束后DAO项目就可以利用筹集的钱真正开始运作。参与者向DAO系统管理者提出使用资金的方案，持有代币的成员有资格对这些提案进行投票。所有的规则均由代码控制，代币持有者对DAO上的议题进行投票实现对组织的治理。

2021年年底，一个名为"宪法DAO"的项目开始众筹，其目标是购买苏富比拍卖行拍卖的一份1787年制作的美国宪法副本。项目上线的6天内募集了4700万美元。虽然拍卖最终失败，宪法DAO却成了一个绝好的例子，越来越多的DAO出现，甚至有人提出要购买苏富比本身，以防止像宪法DAO买不到宪法这样的事件再次发生。

虽然区块链是未来发展的方向，但和任何技术一样，区块链也有自身的局限性。区块链的零容错机制意味着密钥一旦丢失或被盗，用户将永远失去对账户的控制权，这种机制使得现阶段的区块链很难在普通人群中应用。区块链只能保障上链后的数据不被修改破坏，它并不能保证上链前数据的真实性，链内数据和现实世界的结合是所有区块链项目的难点，未来区块链技术的应用中如何保障上链前数据的真实性是一个需要研究的课题。区块链只能记录数据的所有权，无法确保它的使用权，那些NFT数字艺术品一样可以随意复制、传播。区块链为了保障安全性，系统的效率受到极大限制，与传统的中心化系统无法相比。

因此要清醒地认识到区块链的本质是提供一个没有管理中心，依靠规则运行的系统，如果问题本身无法通过"去中心化"解决，就没必要考虑使用区块链。而且目前区块链还处于发展早期阶段，技术更新迭代频率非常快，还没有形成公认的业界标准，这对于在区块链上开发应用系统而言也是一个潜在的风险。现阶段，公益行业信息化基础本就薄弱、资金紧缺，要慎重使用区块链技术。

2. 志愿服务的新挑战

互联网的蓬勃发展对我国公益事业起到了巨大的推动作用，从公益传播到线上募捐，从公益管理信息化到在线公益，一个广泛参与、高效运行的"互联网公益"模式正在形成。互联网在深刻影响、改造公益事业的同时，也为公益事业发展带来了新的挑战。

2022年4月有网友曝料，用母亲的身份证号在网络志愿服务平台上搜索"志愿者"查询发现，其患有阿尔茨海默症等多个病症，长期在家的母亲被注册为志愿者，并"服务"了52小时。随后各地网友纷纷晒出在本人完全不知情的情况下，个人数据进入了志愿服务管理系统被动成了志愿者的情况。还有一些网络平台公然出现买卖志愿服务时长、制作志愿服务证书的广告[①]。

有观点认为"被志愿"出现的根本原因在于志愿服务的多头管理，民政部、组织部、宣传部、团委、妇联、部分省市的职能部门、社会组织都在管理志愿服务，出现了社区志愿者、新时代文明实践志愿者、青年志愿者、巾帼志愿者、社会组织的志愿者等多种类别，庞大的数量和管理的混乱导致权责不分明。

实际上，多头管理与上述乱象之间并没有必然因果关系。志愿服务是汇聚社会资源、传递社会关爱、弘扬社会正气的重要载体，应该通过不同体系广泛动员更多的社会力量参与。但这种参与应该是个人发自内心，组

---

① 中国青年报. 本报记者暗访证实：网上兜售志愿服务证书造假！[OL].2021-04-21.

织基于使命的行为，而不是为完成考核指标，层层施压的结果。

国家"十四五"规划提出了"支持和发展社会工作服务机构和志愿服务组织，壮大志愿者队伍，搭建更多志愿服务平台，健全志愿服务体系"的发展方向。根据规划要求加强顶层设计，推动志愿服务管理科学化是当务之急。志愿服务管理过程中应该在志愿者数量、服务时长等过程评价指标的基础上增加社会问题解决和社会资本增长等结果指标。同时做好宏观管理，制定统一的志愿服务数据标准并向社会开放，鼓励志愿组织在"十四五"规划精神的指导下，根据自身特点发展出更为丰富的服务项目和模式，实现从"要我做"到"我要做"的根本转变。

用技术手段维护公益行业的诚信生命线，确保志愿服务数据的真实精准是在志愿服务中应用网络信息技术需要重点关注的课题。"被志愿""刷时长""制假证"等问题显然无法用区块链技术解决，而且这些数据一旦被正式记录到区块链中，它们对公益事业诚信度造成的伤害将远远超过应用新技术带来的正面影响。Web3.0是生产关系，AI才是生产力。使用大数据、人工智能等技术，通过数据挖掘、分析可以在一定程度上解决这些问题。

二、时间银行系统概述

1. 关于芳邻

时间银行虽然可以选择纸券存折作为流通媒介，但这种方式使用不方便、数据不安全、传播能力不强，只能适用于成员数量较少的小规模组织或部分特殊场景，如高龄老年人聚集的养老院或者其他网络接入不畅通，参与者使用信息系统成本太高的地方。

正如移动支付的出现大大减少了现金使用一样，基于云计算、智能终端等技术开发的时间银行系统和数字化积分正在成为主要的平台和媒介。信息化系统除了可以消除纸券存折的缺陷，帮助时间银行运营得更为流畅外，移动端小程序和 App 具备的社交功能还可以依靠网络的裂变能力迅速扩大传播范围，促进时间银行快速发展。

芳邻名称的来由

芳邻时间银行系统的名称来源于作家三毛的散文《芳邻》。

三毛描述了阿雍小镇上邻居们相互之间的亲密关系，他们单纯幼稚的品性显得非常纯朴可爱。三毛面对他们提出的那些匪夷所思的要求虽然哭笑不得，但最后都热心地给予了帮助。

"芳邻"这两个字很好地表述了时间银行要去做的事和希望做到的结果。

芳邻时间银行 SaaS 平台是一套技术成熟、得到广泛应用的信息化系统。它可以快速地为机构部署独立的时间银行系统（包括管理后台和小程序前端）。芳邻提供了灵活的配置能力和完整的业务闭环，可以满足不同场景、不同人群、多种组织结构的需要，每个机构可以根据自己的需求配置个性化的时间银行运营模式。

经过多年发展，芳邻形成了有价值、可衡量、有温度、可持续的发展理念。

- **有价值**：每个人都是社会的资产，拥有可以帮助他人的价值，扩大积极参与本地社会和经济活动的人口比例。充分利用社会闲置资源，促进循环消费，养成绿色环保、可持续发展的生产生活方式。

- **可衡量**：提供测量工具，建立社会资本的量化指标。每个机构可根据自己的理念、资源创建不同的价值衡量体系和时间银行运营模式。

- **有温度**：提供有灵魂的产品而不是冰冷的管理工具，增强时间银行的社群运营能力和用户黏性。

社群的价值已经得到所有人的认可，各类社会组织纷纷开展社群建设工作，重新构建组织与参与者的关系。社会组织可以使用时间银行同时开展线下与线上的社群运营工作。时间银行小程序中提供的海报、活动背书、积分红包等功能可以将线下活动与线上互动密切联系起来，加强人际连接。

积分在时间银行中的流通媒介职能可以用于开展各种社群运营活动。芳邻为参与者提供了十多种获得积分的方式，包括：参加活动、提供服务、好友赠送、机构转账、抢红包、邀请奖励、实名认证奖励、资助公益项目、现金购买兑换品、线下扫码支付、利息。社会组织可以灵活应用这些功能活跃社群氛围，强化社群的参与感、归属感。

● **可持续**：建立"互信、互助、互连"的社会网络，形成互相尊重、互相关心、互相帮助，和睦友好的人际关系，增加个人和群体的社会福祉。利用网络信息技术为时间银行机构打造多种自我"造血"工具，提高机构获得现金收入的能力，为时间银行的永续发展助力。

2. 芳邻的系统结构

芳邻时间银行 SaaS 平台由运营后台、机构后台和小程序前端三个部分组成。

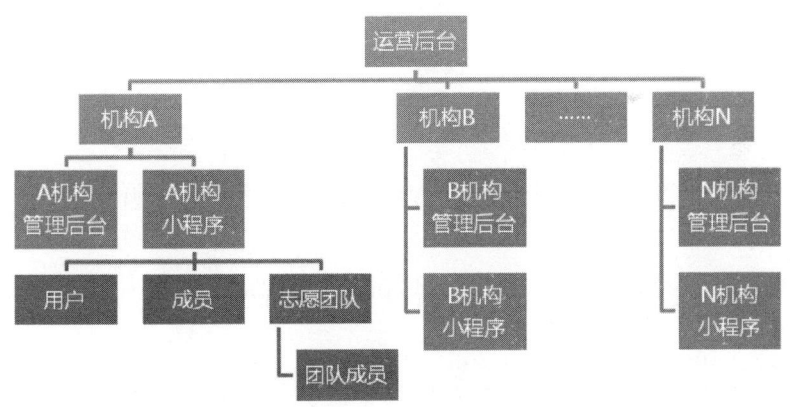

芳邻时间银行SaaS平台整体结构图

● **运营后台**：由芳邻的运维人员管理，保障整个系统的正常运行，为每个机构提供运维支持服务，缓解机构在人力、财力上的压力，能够集中资源用于自己的核心业务。

- **机构后台**：由时间银行机构的管理员操作，用于配置本机构时间银行的运营规则，发布各种信息，管理本机构时间银行的运营数据。
- **小程序前端**：每个机构拥有一套独立的时间银行微信小程序，由时间银行参与者使用，用于发布活动（项目）、参加活动（项目）、活动打卡、积分结算、积分应用等各种业务。

芳邻为机构部署的时间银行系统功能结构图如下：

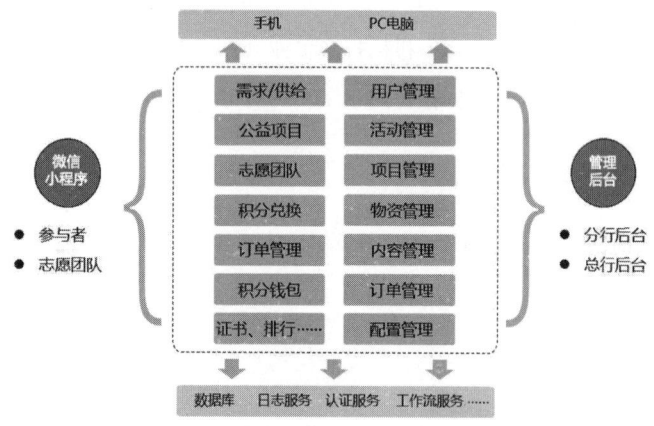

机构时间银行系统功能结构图

下面以芳邻时间银行 SaaS 平台为例，介绍时间银行系统的使用方法。

三、时间银行机构管理后台

时间银行机构管理后台的使用者是系统管理员，用于配置本机构的时间银行运营规则、部署时间银行小程序、管理时间银行的运营数据。

1. 注册、登录机构账号

- **注册**：登录芳邻时间银行网站（www.flintb.com），在右上角点击机构注册，输入账号、密码、机构名称完成注册。本次注册的账号为超级管理员账号。

● **登录**：机构账号审核开通后，注册使用的手机号将收到短信通知。登录芳邻时间银行网站，在右上角点击机构登录，输入注册的账号或手机号、密码，完成登录。

● **找回密码**：如果遗忘了登录密码，在登录界面上点击**忘记密码**，使用注册的手机号重新设置密码。

时间银行机构账号注册界面

管理员首次登录时间银行管理后台，按照系统导引完成基本配置。设置时间银行的**服务领域**，设置机构的**时间积分名称**，设置**积分钱包**的支付密码。

首次登录导引操作界面

2. 配置时间银行运营规则

机构可以根据团队达成的共识，配置个性化的时间银行运营规则，包括积分的获取规则、结算规则、奖励机制、参与者权限等。

- 积分名称

机构设置时间银行中的积分名称。

（1）以超级管理员权限登录机构后台。

（2）访问**系统管理 > 配置管理**。

（3）在*积分名称*栏中，输入本机构时间银行的积分名称。

（4）点击页面底部的**保存**按钮。

配置积分名称

- 订单结算比例

这里的订单专指 *活动订单* 。时间银行的参与者报名参加活动或服务，按活动（服务）要求完成签到后，即生成活动订单（未完成状态）。签退后活动订单变为已完成状态，已完成的订单可以进行结算。系统提供自动和人工两种结算方式。若签退后三天没有进行人工结算，系统则自动结算。

（1）以超级管理员权限登录机构后台。

（2）访问**系统管理＞配置管理**。

（3）在 *订单结算比例* 栏中，设置结算范围：

所有活动按比例结算：机构后台和小程序前端上发布活动（服务）产生的订单都按照下面设置的比例结算。

机构发布的活动按比例结算：机构后台发布的活动（服务）产生的订单按设置的比例结算，小程序上发布活动（服务）产生的订单全部结算为服务积分。

（4）设置结算比例。结算订单时将一个活动的总积分按比例拆分为三种类型的积分，其中 *服务积分* 用于发布活动；*物资积分* 用于兑换物资，*现金积分* 用于兑换现金。这三个比例相加必须等于 100%。

（5）点击页面底部的**保存按钮**。

配置订单结算比例

● **服务系数**

发布活动（服务）时，活动（服务）的积分价值系统按"系数 × 时长"自动计算。如果机构的时间银行观念是"所有的服务等时等值"，则所有系数设置为相同；如果机构的时间银行理念是"相同时间不同类型服务的价值不同"，则各服务项目的系数设置不同，系数越高积分价值越高。最低系数为 10。

（1）以超级管理员权限登录机构后台。

（2）访问**系统管理 > 配置管理**。

（3）在*服务系数*栏中，设置各种服务类型的系数。

（4）点击"**+增加服务**"可以添加服务类型。添加的服务类型将显示到小程序"活动"页面顶部的标签中。如果添加服务类型的列表中没有机构需要的类型，请联系系统管理员添加。

（5）点击每个服务类型右上角的删除按钮，可以删除服务类型。

（6）点击页面底部的**保存按钮**。

配置服务类型和系数

- **成员加入方式**

用户 和 *成员* 是时间银行中的两种角色：所有登录小程序的微信账号都是*用户*，*用户*在小程序的机构详情页中申请加入时间银行，并获得审批同意后成为时间银行的*成员*。

*用户*与*成员*的区别：两种角色的区别主要在后台管理功能上。机构后台可以为*成员* **颁发证书**；将*成员* **推荐**到小程序的推荐栏目、直接为*成员* **转账积分**。*用户*没有这些管理功能。

本功能用于设置时间银行的*用户*角色变为*成员*角色。

（1）以超级管理员权限登录机构后台。

（2）访问**系统管理 > 配置管理**。

（3）在*加入方式*栏中，设置加入机构的方式。

（4）**自由加入**：*用户*在小程序的机构详情页中点击申请加入，自动成为**成员**。

（5）**审核加入**：*用户*在小程序的机构详情页中点击申请加入，机构管理员在后台的用户管理—加入申请中进行审批。

（6）**关闭加入**：关闭小程序中申请加入的功能，则无法申请成为时间银行的*成员*。

（7）点击页面底部的**保存**按钮。

配置成员加入方式

- **公益项目收款**

可以开启/关闭小程序中*公益项目*详情页的收款功能。

（1）以超级管理员权限登录机构后台。

（2）访问**系统管理＞配置管理**。

（3）在*公益项目*栏中，设置收款功能。

（4）**允许收款**：小程序的*公益项目*详情页显示收款按钮。

（5）**拒绝收款**：小程序的*公益项目*详情页不显示收款按钮。

（6）点击页面底部的**保存**。

配置公益项目收款

- **用户/成员权限**

分别设置*用户*和*成员*在小程序中**发布活动**、**发布服务**和**创建团队**的权限。

（1）以超级管理员权限登录机构后台。

（2）访问**系统管理 > 配置管理**。

（3）在 *用户权限* 和 *成员权限* 中，设置两种角色的权限。**选中**开通该权限，**取消**关闭该权限。

（4）**发布活动**：在小程序上发布活动。*活动* 是指服务需求，报名者为他人服务，可以获得积分。

（5）**发布服务**：在小程序中发布服务。*服务* 是指服务供给，报名者接受他人的服务，需要支付积分。

（6）**创建团队**：在小程序中创建志愿团队，加入团队后可以以团队成员身份报名参加活动。

（7）点击页面底部的**保存**按钮。

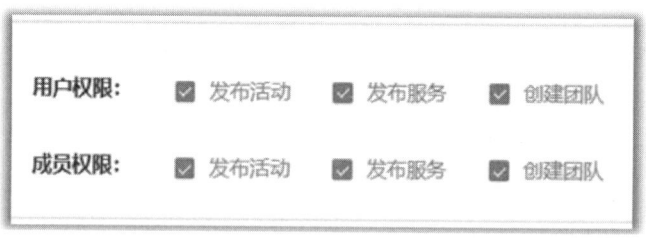

配置用户/成员权限

● 奖励机制

设置对参与者的各种积分奖励方式。

（1）以超级管理员权限登录机构后台。

（2）访问**系统管理 > 配置管理**。

（3）选中实名奖励、邀请奖励、线下支付规则、利息规则，然后在输入框中输入数值。

（4）**实名奖励**：参与者在小程序中完成实名认证后获得积分奖励。

（5）**邀请奖励**：参与者成功邀请其他用户登录小程序后获得积分奖励。

（6）**线下支付规则**：参与者扫描机构的钱包二维码，支付现金后获得积分奖励。

（7）**利息规则**：设置本机构积分的利率，每月底系统根据参与者钱包中服务积分数量自动结算利息。利率为正值时向用户发放利息，利率为负值时向用户收取利息。

（8）点击页面底部的**保存**按钮。

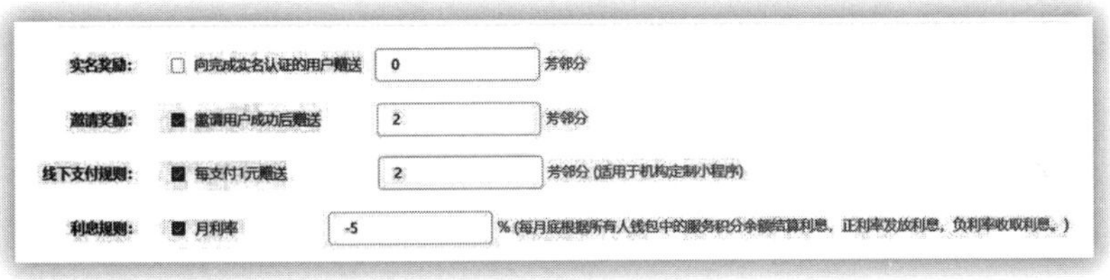

配置奖励机制

3. 机构信息

设置小程序中显示的机构信息。

（1）以超级管理员权限登录机构后台。

（2）访问**系统管理 > 机构信息**。

（3）在**机构信息**页面中可以填写以下信息：

机构名称：机构名称将显示在小程序的机构详情页面。

机构地点：输入本机构的地点。

机构电话：小程序的机构详情页面有**电话**按钮，参与者可以直接拨打本机构的电话。

机构公告：输入机构公告后，公告将显示在小程序首页的公告栏中。如果没有输入公告，小程序首页将不显示公众栏。

机构 banner：显示在小程序的机构详情页 banner 区，并自动加上图片遮罩效果。

机构头像：显示在小程序的启动页面。

（4）点击页面底部的**保存按钮**。

机构信息

4. 积分管理

积分用于衡量时间银行中流通的各种资源的价值，并充当流通的媒介。机构的初始积分由运营后台拨付到机构钱包中。

● **钱包地址**：注册机构账号并设置钱包密码后，自动生成钱包地址。将钱包地址告知其他人员，对方可以用转账功能向机构的钱包转积分。

● **钱包二维码**：钱包二维码用于线下支付。将钱包二维码下载打印出来，时间银行参与者使用**微信扫一扫**功能扫描钱包二维码，向机构支付积分或者现金。如果支付现金，系统将根据**配置管理 > 钱下支付规则**的设置向付款方回馈积分。

- **积分数量**：显示机构当前可用的积分余额。
- **锁定积分数量**：为防止积分超支，机构管理员发布项目、活动和物资时，系统会根据设置的条件将未来要使用的积分锁定，锁定的积分只能用于指定用途。完成结算或者关闭项目、活动和物资后，锁定的积分会被转账或者解锁。
- **操作**：查看机构所有的积分收支流水情况。

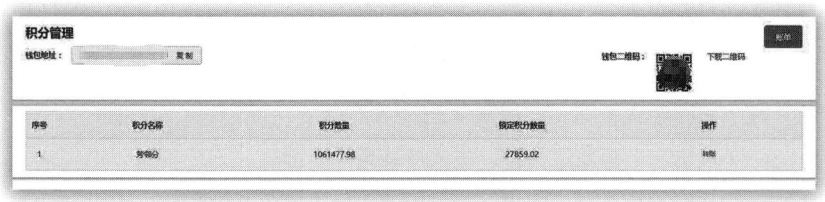

积分管理

- **转账**

（1）以超级管理员权限登录机构后台。

（2）访问**配置管理＞积分管理**。

（3）点击页面积分列表右侧的**转账**按钮。

（4）在**转账**弹窗中输入对方的**手机号或者钱包地址**，要转账的**积分数量**，机构的**钱包密码**。

（5）点击**确定**按钮，完成转账。机构后台转账支出的全部是服务积分。

转账

5. 账户管理

机构后台可以创建多个管理员账户,并为不同账户赋予不同权限。创建的账户为普通管理员账户,没有**系统管理**的权限。机构注册时生成的超级管理员账户才拥有**系统管理**权限。

● **新增账户**

(1)以超级管理员权限登录机构后台。

(2)访问**系统管理 > 账户管理**。

(3)点击右上角**新增**按钮,进入**新增用户**页面。

(4)填写**账户名称**、**密码**、**联系方式**,并设置账户权限。

(5)点击页面底部的**保存**按钮。

新增账户

- **编辑账户**

（1）以超级管理员权限登录机构后台。

（2）访问**系统管理＞账户管理**。

（3）在**账户列表**中，点击**编辑**按钮，进入**编辑账户**页面。

（4）修改账户信息，点击页面底部的**保存**按钮。

6. 安全设置

用于重置超级管理员的登录密码和机构钱包的支付密码。

（1）以超级管理员权限登录机构后台。

（2）访问**系统管理＞安全设置**。

（3）在**安全设置**页面，输入新的密码，并进行短信验证。

（4）点击**保存**按钮，原密码变为新密码。

7. 定制小程序

机构时间银行系统由管理后台和小程序前端两部分组成。超级管理员在**小程序定制**中填好**小程序信息**和**商户信息**才能开通小程序。其中**商户信息**用于开通小程序中的微信支付功能（商户号），时间银行参与者在小程序中可以在**公益项目**、**兑换物资**、**线下扫码**三个场景中向机构支付现金，现金支付到机构开通的商户号中，并结算到机构的银行账户。

（1）以超级管理员权限登录机构后台。

（2）访问**系统管理＞定制小程序**。

（3）进入**编辑基础信息**页面，填写小程序的信息。

（4）分别点击页面底部的**保存**和**下一步**按钮。

（5）进入**编辑商户信息**页面，填写开通商户号的信息。

（6）分别点击页面底部的**保存**和**下一步**按钮。

（7）等候运营方联系，双方共同配合完成小程序部署工作。

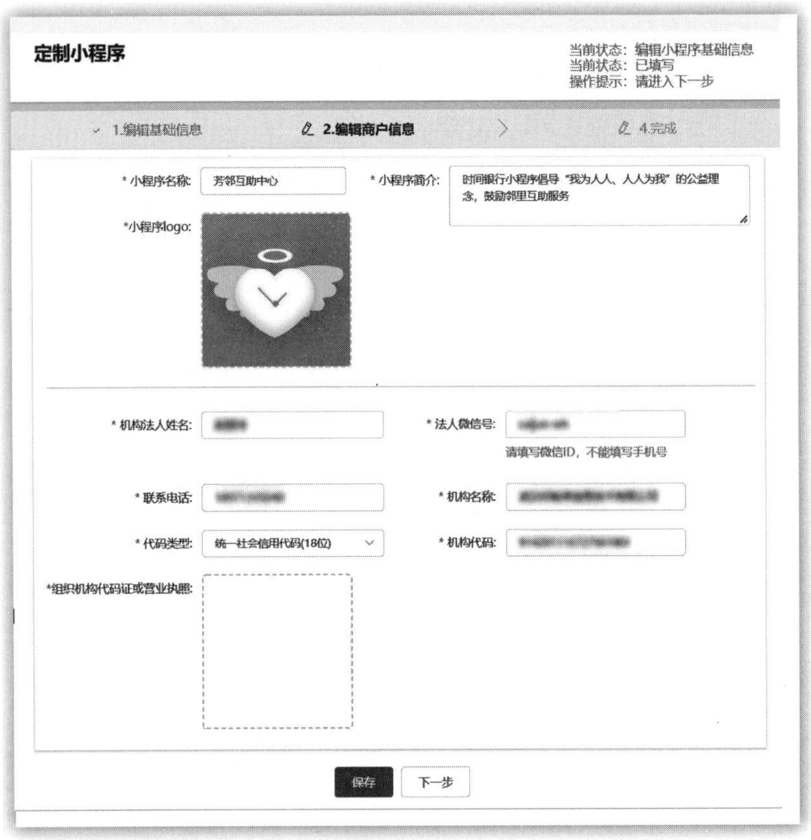

定制小程序

8. 用户管理

● 用户管理

所有登录时间银行小程序的微信账号都是*用户*。

（1）以管理员权限登录机构后台。

（2）访问**用户管理 > 用户管理**。

（3）进入**用户管理**列表页面，可以查看用户的基本信息。

（4）点击用户数据右侧的**查看**按钮，进入**用户详情**页面。

（5）点击**用户详情**页底部的**升级成员**按钮，可以将 *用户* 升级为 *成员*。升级为 *成员* 后，该用户将从**用户管理**列表页面移到**成员管理**列表页面。

（6）点击**用户详情**页右上角的**关闭用户/开启用户**切换按钮，可以开启/关闭该用户账号，关闭的用户账号将无法登录使用小程序。

（7）在**用户详情**页的**资质认证**栏中，显示该用户从小程序上传的个人资质证书，管理员可以对该证书进行认证。

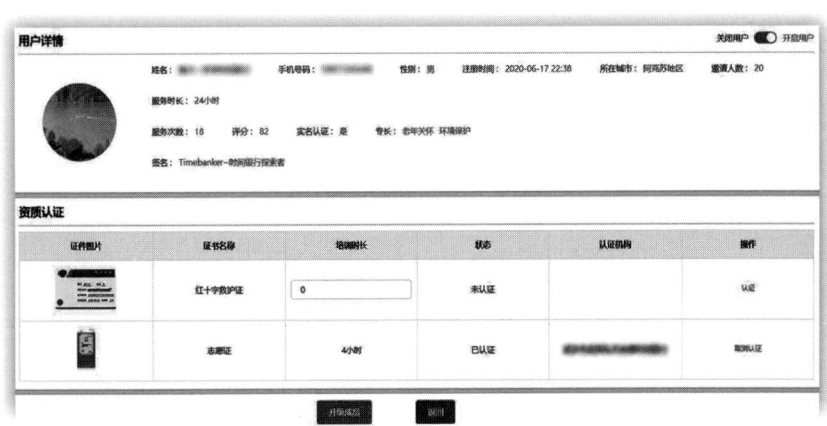

用户管理

- **成员管理**

用户 升级为 *成员* 后，显示在**成员管理**列表页面中。点击成员数据右侧的**查看**按钮，进入**成员详情**页面，可以进行成员管理：

移出：将 *成员* 变为 *用户*。

转账：从机构的钱包中向成员钱包转积分。

推荐：将该成员推荐到小程序的各个推荐栏位，获得更多展示。

资质认证：对该成员在小程序上传的个人资质证书进行认证。

开启/关闭：关闭后该成员将无法登录使用小程序。

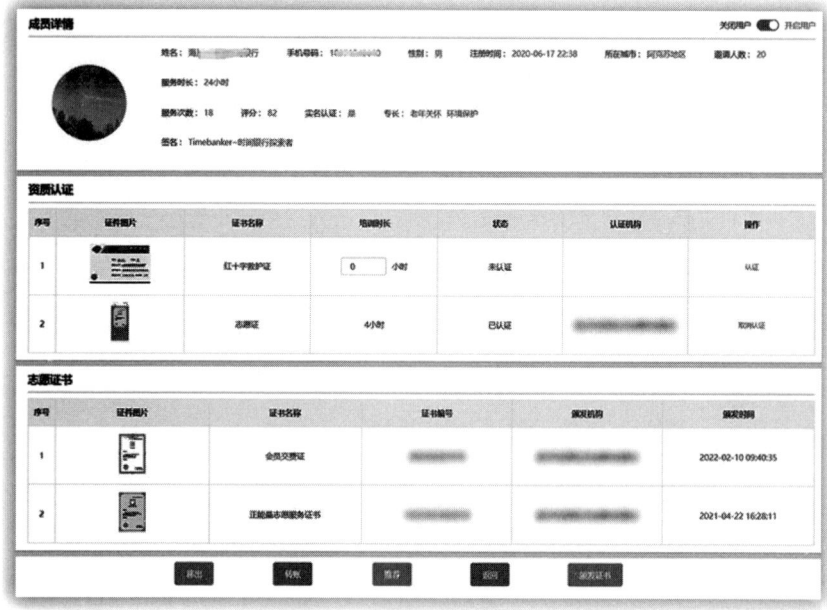

成员管理

颁发证书：可以为成员颁发志愿服务证书和捐赠证书。颁发证书方法如下：

（1）以管理员权限登录机构后台。

（2）访问**用户管理**>**成员管理**>**成员详情**。

（3）点击底部的**颁发证书**按钮，进入**颁发证书**页面。

（4）选择证书类型——**志愿服务证书**或**捐赠证书**。

（5）输入证书名称和编号。

（6）设置开始时间、结束时间。

（7）**志愿服务证书**将自动统计该成员在设置周期内的志愿服务时长。

（8）**捐赠证书**将自动统计该成员在设置周期内为公益项目助力的总金额。

（9）选择证书模板。系统提供了两个模板，机构可以自行制作模板上传到后台使用。

(10)点击**提交**按钮。

(11)颁发的证书显示在后台**成员详情**页面的**志愿证书**栏和小程序**我的 > 我的证书**页面。

颁发证书

- **新增成员**

时间银行中如果有无法使用微信的参与者(如高龄老年人),管理员可以在机构后台手工新增成员,并在其他功能模块中代理成员进行**数据录入**。

(1)以管理员权限登录机构后台。

(2)访问**用户管理 > 成员管理**。

(3)在成员管理列表上,点击**新增**按钮,进入**新增成员**页面。

(4)在**新增成员**页面按照要求填写各栏位数据。

(5)点击页面底部的**保存**按钮。新增成员成功。

新增成员

- 加入申请

如果在机构后台的**配置管理 > 加入方式**中设置的是**审核加入**，用户在小程序的机构详情页面点击**申请加入**，该申请将显示在后台的**用户管理 > 加入申请**中。

管理员访问**用户管理 > 加入申请**，进入加入申请列表页面，可以**同意**或者**拒绝**该用户的申请。同意后该用户将被升级为成员。

- 团队管理

管理时间银行参与者在小程序上创建的 *志愿团队* 。*志愿团队* 显示在小程序的发现页面。

（1）以管理员权限登录机构后台。

（2）访问**用户管理＞团队详情**。

（3）点击团队数据右侧的**查看详情**按钮，进入**团队详情**页面。

（4）点击**团队详情**页面底部的**推荐**按钮，将该团队推荐到小程序的各个推荐栏位，获得更多展示。

（5）点击**团队详情**页面右上角的**关闭/开启**切换按钮，可以关闭/开启该团队。被关闭的团队将不显示在小程序中。

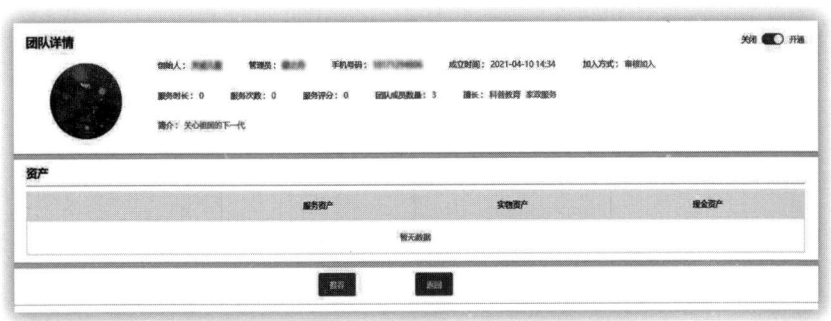

团队详情

9. 运营管理

● 发布项目

时间银行中的 *项目* 用于向参与者募资，可以自动统计该项目下开展活动的次数、参与人次和时长。发布的项目显示在小程序首页的**公益项目**栏目。

（1）以管理员权限登录机构后台。

（2）访问**运营管理＞项目管理**。

（3）在**项目管理**页面，点击**新增**按钮进入**发布项目**页面。

（4）在**发布项目**页面按照要求填写各栏位数据。

（5）点击页面底部的**保存**按钮。项目发布成功。

（6）系统将根据项目的 *募资目标* 和 *回馈标准*，自动锁定机构钱包中相应数量的积分。如果钱包中积分不足，项目无法成功发布。

（7）参与者在小程序的项目详情页面完成支付后，系统从锁定的积分中根据回馈标准自动向参与者支付积分。

发布项目

● **项目管理**

（1）以管理员权限登录机构后台。

（2）访问**运营管理 > 项目管理**。

（3）在**项目管理**页面，点击项目数据右侧的**详情**按钮，进入**项目详情**页面。

（4）点击**项目详情**页面右上角的**关闭 / 开启**切换按钮，可以关闭 / 开启该项目。关闭的项目将不显示在小程序中。项目关闭后,该项目剩余的锁定积分将自动解锁。

(5)在**项目详情**页面的**进展 & 执行 > 执行说明**中,可以使用编辑器撰写本项目的执行进度说明,内容将显示在小程序的**项目详情**页面。

(6)点击**项目详情**页面底部的**编辑项目按钮**,进入**编辑项目**页面可以修改**项目名称**、**联系电话**、**缩略图**、**项目详情**四项内容。

(7)修改后点击页面底部的**保存按钮返回**。

(8)点击**项目详情**页面底部的**推荐按钮**,将该项目推荐到小程序的各个推荐栏位,获得更多展示。

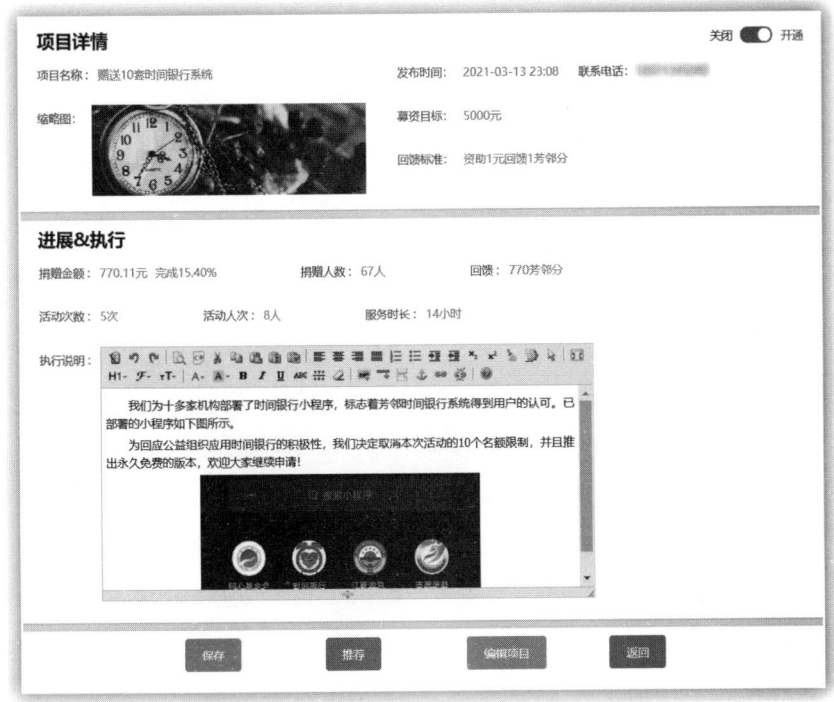

项目管理

● 发布活动

时间银行中 *活动* 是需求信息，参与者报名参加活动，完成签到/签退后可获得积分，同时增加个人（团队）的服务次数和时长。发布的活动将显示在小程序的**活动**页面。

（1）以管理员权限登录机构后台。

（2）访问**运营管理 > 活动管理**。

（3）在**活动管理**页面，点击**新增**按钮，进入**发布活动**页面。

（4）在**发布活动**页面按照要求填写各栏位数据。

（5）**单次打卡活动**：适用于一次性活动，一个活动只能签到/签退一次。单次打卡活动可以设置重复周期，同时发布多个单次打卡活动。

（6）**多次打卡活动**：适用于长期活动。一个活动可以重复多次签到/签退，直至规定的打卡次数用完。

（7）**发布方**：默认为本机构，选择成员时表示管理员代替成员发布活动。

（8）**所属项目**：设置了项目后，本活动的人次、时长等数据将统计到项目中。

（9）**活动地点**：线上活动可以不设置活动地点。

（10）**电子围栏**：在**活动地点**点击右侧的**地图标注**，进入地图窗口，使用地图上的绘图工具可以绘制电子围栏。设置了电子围栏后，活动订单中可以提示参与者签到/签退的地点是否正常。参与者如果没有报名，在活动当天进入到电子围栏范围内也可以签到/签退。

（11）**活动价值**：活动价值的计算方式：活动类型系数 × 时长单位 × 人数。有多个活动类型时，系数按最大值计算；时长以 30 分钟为一个单位，不足 30 分钟按 30 分钟计算。

（12）点击页面底部的**保存**按钮，活动发布成功。

（13）系统将根据活动价值自动锁定机构钱包中相应数量的积分。如果钱包中积分不足，活动将无法成功发布。

发布活动

● **管理活动**

活动发布成功后，显示在**活动管理**列表页中。点击活动数据右侧的**详情按钮**，进入**活动详情**页面，可以进行活动管理：

编辑：进入编辑页面，可以编辑**活动介绍**内容。

推荐：将该活动推荐到小程序的各个推荐栏位，获得更多展示。

删除：删除该活动。

关闭/开启：开启/关闭该活动。关闭的活动将不显示在小程序中。活动关闭后，该活动剩余的锁定积分将自动解锁。

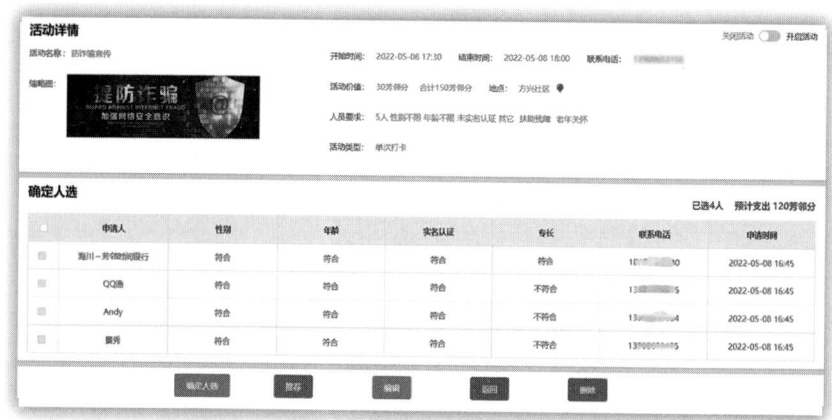

管理活动

- **活动报名管理**

（1）以管理员权限登录机构后台。

（2）访问**运营管理 > 活动管理**。

（3）在**活动管理**页面，点击活动数据右侧的**查看**按钮，进入**活动详情**页面。

（4）在**确定人选**栏位显示活动的所有报名人员，选择参加本次活动的人员，然后点击页面底部的**确定人选**按钮。

（5）系统将自动向选中人员发送通知。

- **发布服务**

时间银行中 *服务* 是供给信息，参与者报名需要向发布人支付积分。发布的服务将显示在小程序的**发现**页面。

（1）以管理员权限登录机构后台。

（2）访问**运营管理 > 服务管理**。

（3）在**服务管理**页面，点击**新增**按钮，进入**发布服务**页面。

（4）在**发布服务**页面按照要求填写各栏位数据。填写方式与**发布活动**内容相同。

（5）点击页面底部的**提交**按钮，服务发布成功。

- **管理服务**

服务发布成功后，显示在**服务管理**列表页面。点击成员数据右侧的**查看按钮**，进入**服务详情**页面，可以进行服务管理：

编辑：进入编辑页面，可以编辑**服务介绍**内容。

推荐：将该服务推荐到小程序的各个推荐栏位，获得更多展示。

删除：删除该服务。

关闭/开启：开启/关闭该服务。关闭的服务将不显示在小程序中。

报名人员：参与者报名时系统自动锁定报名者的积分，报名成功。报名人数达到设定人数后，系统关闭报名。

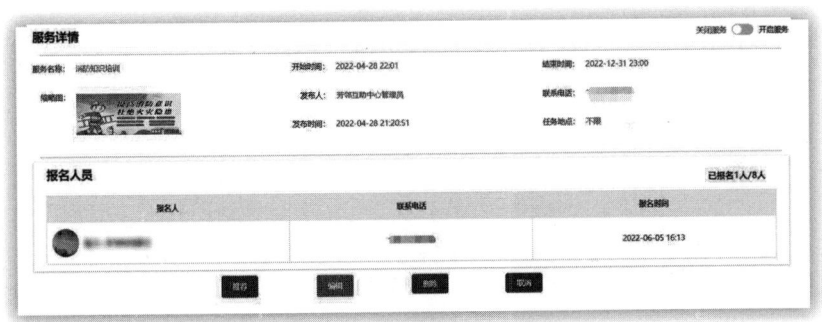

管理服务

- **发布兑换物资**

物资 是时间银行中的兑换品，参与者可以使用小程序钱包中的 *物资积分* 兑换。发布的物资将显示在小程序的**兑换**页面。

（1）以管理员权限登录机构后台。

（2）访问**运营管理＞物资管理**。

（3）在**物资管理**页面，点击**新增**按钮，进入**新增物资**页面。

（4）在**新增物资**页面，按照要求填写各栏位数据。

（5）**兑换标准**可以是**积分**、**积分＋现金**、**现金**三种方式。兑换标准中包含现金时，下面的**购买回馈**栏激活，可以输入回馈标准，参与者支付现金后系统按标准回馈积分。

（6）点击页面底部的**保存**按钮，物资发布成功。

（7）系统将根据回馈标准和物资数量自动锁定机构钱包中相应数量的积分。如果钱包中积分不足，物资将无法成功发布。

发布兑换物资

- 发布兑换现金

现金 是时间银行中的兑换品之一，参与者可以使用小程序钱包中的 *现金积分* 兑换。发布的现金将显示在小程序的**兑换**页面。

（1）以管理员权限登录机构后台。

（2）访问**运营管理 > 现金管理**。

（3）在**现金管理**页面，点击**新增**按钮，进入**新增现金**页面。

（4）在**新增物资**页面，按照要求填写各栏位数据。

（5）点击页面底部的**保存**按钮，现金发布成功。

发布兑换现金

10. 内容管理

● 发布文章

可以在机构后台发布文章。发布的文章需要使用推荐功能（参见下文"推荐"）显示到小程序的各个推荐栏位中。

（1）以管理员权限登录机构后台。

（2）访问**内容管理 > 文章管理**。

（3）在**文章管理**页面，点击**新增**按钮，进入**新增文章**页面。

（4）在**新增文章**页面，按照要求填写各栏位数据。

（5）**发布栏目**选择**机构文章**。

（6）点击页面底部的**保存**按钮，文章发布成功。

发布文章

- 推荐

在机构后台可以使用推荐功能将**成员**、**团队**、**项目**、**活动**、**服务**、**物资**、**现金**、**文章**等对象推荐到这些栏位：**首页的 banner 区**；**首页的精选**（共五个栏位）；**兑换页的 banner 区**。Banner 区有多个推荐内容时将自动轮播显示。

（1）以管理员权限登录机构后台。

（2）进入要推荐对象（如**文章**、**活动**等）的详情页面。

（3）在详情页底部点击**推荐**按钮，进入**推荐**页面。

（4）按要求填写各栏位，其中**推荐栏目**是小程序上显示的栏位。

（5）点击**保存**按钮，推荐的对象将在小程序上显示出来。

推荐

- **推荐管理**

已经推荐的内容全部显示在**内容管理＞推荐管理**中,可以对推荐的内容进行维护。

编辑: 修改推荐的栏目和推荐图片。

删除: 删除推荐的内容,删除推荐不会影响源数据。

11. 订单管理

在机构后台的**订单管理**中管理时间银行的所有订单,时间银行中有以下类型的订单:

活动订单: 参与者报名参加*活动*或*服务*,签到后产生*未完成*状态的活动订单,签退后订单状态变为*已完成*,结算后状态变为*已结算*。

项目订单: 参与者为项目捐款,生成项目订单。

物资兑换订单: 参与者使用物资积分兑换物资,生成物资兑换订单。

现金兑换订单: 参与者使用现金积分兑换现金,生成现金兑换订单。

扫码支付订单: 参与者使用微信扫一扫功能,扫机构的钱包二维码,生成扫码支付订单。

- **结算活动订单**

时间银行中活动订单有两种结算方式:

自动结算: 签退后*活动订单*变为已完成状态,已完成的活动订单72小时没有进行人工结算,系统自动结算该订单。

人工结算: 活动发布方可以在72小时内对已完成状态的活动订单进行人工结算。步骤如下:

(1)以管理员权限登录机构后台。

(2)进入**订单管理＞活动订单**,在**订单列表页** *已完成* 订单右侧点击**详情**。

(3)进入**订单详情页**,输入**服务评分**和**评价内容**,可以修改**实际支付积分数量**和**服务时长**。

（4）在详情页底部点击**结算订单**按钮，完成人工结算。

订单管理

- 新增活动订单

在机构后台可以为无法使用微信小程序的 成员 手工录入活动订单数据：

（1）以管理员权限登录机构后台。

（2）进入**订单管理 > 活动订单**。

（3）在**订单列表**页点击**新增**按钮。

（4）进入**新增活动订单**页面，填写各栏位数据。

（5）点击页面底部的**提交**按钮，新增订单成功。

新增活动订单

- **新增项目订单**

时间银行参与者在小程序的 *公益项目* 中支付现金自动生成项目订单，在**订单管理 > 项目订单**中显示订单数据。后台提供手工新增订单功能，可以录入没有通过小程序支付的捐款。

（1）以管理员权限登录机构后台。

（2）进入**订单管理＞项目订单**。

（3）在**项目订单列表**页点击**新增**按钮。

（4）进入**新增项目订单**页面，填写各栏位数据。

（5）捐赠方只能选择 *成员*，*用户* 需要升级为 *成员* 后才能新增项目订单。

（6）点击页面底部的**保存**按钮，新增订单成功。

（7）新增订单成功后，系统会按照项目设置的回馈标准从机构钱包中向捐赠方转回馈的积分。

新增项目订单

- **物资兑换订单发货**

时间银行参与者在小程序中兑换物资，机构后台的**订单管理＞物资兑换订单**中显示订单数据。管理员可以为 *待发货* 订单发货，步骤如下：

（1）以管理员权限登录机构后台。

（2）进入**订单管理＞物资兑换订单**。

（3）在**物资兑换列表**页面，点击 *待发货* 订单后面的**详情**按钮。

（4）进入**物资兑换订单详情**页面，点击页面底部的**发货**按钮，发货成功。

（5）兑换人的微信可以收到消息通知。

现金兑换订单有同样的发货功能。

兑换订单发货

- **新增现金兑换订单**

在机构后台可以为无法使用微信小程序的 *成员* 手工录入现金兑换订单数据。

（1）以管理员权限登录机构后台。

（2）进入**订单管理 > 活动订单**。

（3）在**订单列表**页点击**新增**按钮。

（4）进入**新增现金活动订单**页面，填写各栏位数据。

（5）兑换人只能选择 *成员*，*用户* 需要升级为 *成员* 后才能新增项目订单。

（6）点击页面底部的**保存**按钮，新增订单成功。

物资兑换订单有同样的新增功能。

四、时间银行小程序前端

时间银行小程序由时间银行的参与者使用。参与者分为 *用户* 和 *成员* 两种角色,所有登录小程序的微信号均为 *用户*。*用户* 申请加入机构,并获得同意后成为 *成员* 。机构管理员可以为 *用户* 和 *成员* 分别配置在小程序上**发布活动**、**发布服务**、**创建志愿团队**的权限。

1. 开始使用

● 登录

使用微信扫小程序码或者点击他人分享的小程序卡片均可打开时间银行小程序。时间银行小程序中的活动数据、打卡功能均与地理位置有关,**必须开启手机的定位功能**才能正常使用时间银行小程序。小程序首页功能介绍:

扫一扫:用于扫参与者的**钱包码**转积分、扫**志愿团队码**加入团队,扫**机构码**加入机构。

日程表:在月历上显示报名成功的活动。

英雄榜:按照**服务次数**、**服务时长**、**服务评分**三个指标排序显示本机构的时间银行参与者。

活动签到 / 签退:报名参加活动或服务后,使用本按钮进行签到。签到后按钮自动变为签退按钮。完成签退后才能开始下一次签到。

公告:点击后可以进入机构详情页。

● 加入机构

(1)在时间银行小程序首页点击公告栏,进入机构详情页。

(2)在详情页右上角点击**申请加入**按钮。

(3)根据机构设置的加入方式,用户将直接成功加入或者等候机构审核同意后加入。

（4）加入成功后，用户角色变为成员角色。原来的**申请加入**按钮将变为**退出**按钮。

2. 钱包

钱包是时间银行小程序中存储、管理**积分**的工具。建议登录小程序后马上开通钱包。参与活动获得的总积分根据机构设置的规则自动拆分为**服务积分**、**物资积分**和**现金积分**三种类型存储在钱包中。**物资积分和现金积分**只能用于兑换和转账，**服务积分**应用的场景较多。

钱包中**服务积分**的数值有 *橙色* 和 *灰色* 两种颜色。*橙色* 表示可使用的积分，*灰色* 表示已锁定不能使用的积分。参与者使用**发布活动**、**送福**等功

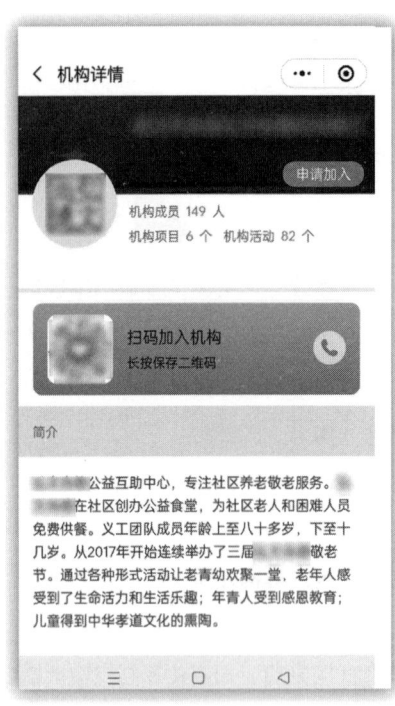

机构详情

钱包

能时会锁定相应数量的积分,结算后解锁。

- 创建钱包

(1)登录小程序,访问**我的**>**我的钱包**。

(2)进入**设置钱包**页面。在**绑定手机号**栏位中点击绿色的**点击获取微信绑定手机按钮**。

(3)在页面底部弹窗中点击**允许按钮**。原来的绿色按钮变为**绑定手机成功**的黄色按钮。

(4)在**设置钱包密码**栏位中输入二次密码,点击页面底部的**确定按钮**。

(5)进入**我的钱包**页面,钱包创建成功。

- 积分转账

(1)登录小程序,访问**我的**>**我的钱包**。

(2)进入**我的钱包**页面。点击**转账按钮**。

(3)进入**转账**页面,输入对方的**钱包地址**或者**手机号**,点击**确定按钮**。

(4)在**转账**页面选择要转出的**积分类型**和**数量**。点击**确认转账**。

(5)在弹出的**输入密码**弹窗中输入钱包**支付密码**,转账成功。

(6)在**我的钱包**>**账单**中,可以查看转账记录。

- 收账

收账有两种方法。方法一:将**我的钱包**>**钱包地址**的内容复制发给对方,对方通过上面的转账流程操作完成。方法二:通过扫码方式完成,步骤如下:

(1)登录小程序,访问**我的**>**我的钱包**。

(2)进入**我的钱包**页面,点击**收账**按钮。

(3)在页面底部弹出的**收益到账通知**窗口中选择**确定按钮**。进入**收账二维码**页面。

(4)对方进入时间银行小程序,在**首页**上点击**扫一扫按钮**,扫描**收账二维码**,进入转账页面。

（5）在**转账**页面选择要转出的**积分类型**和**数量**，点击**确认转账**。

（6）在弹出的**输入密码**弹窗中输入钱包**支付密码**，转账成功。

（7）在微信**服务通知**中会收到**收益到账通知**。

- 送福

时间银行小程序中的 *送福* 与微信的红包功能相似，但发送的是积分而不是现金。该功能可以用于线上社群运营。

（1）登录小程序，访问**我的 > 我的钱包**。

（2）进入**我的钱包**页面，点击送福按钮。

（3）在弹出的**选择积分**窗口中选择积分，点击**确定**按钮。

（4）进入**送福包**页面，填写各栏位数据，点击**封装福包**按钮。

（5）在**支付密码**弹窗中输入支付密码。

（6）进入**发送福包**页面，点击**转发到好友或群聊**按钮。

（7）进入微信**选择一个聊天**页面，选择后在**发送**弹窗中点击**发送**按钮，送福成功。

- 扫码支付

时间银行小程序中的**扫码支付**功能可用于线下支付场景。时间银行管理员出示本机构的 *钱包二维码*，参与者扫码支付后生成 *扫码支付订单*。

（1）打开微信，使用微信的**扫一扫**功能扫描机构**钱包二维码**。

送福

（2）进入支付页面。选择支付方式**现金**或**积分**。

（3）输入**数量**，关闭**键盘**，点击**确认支付**按钮。

（4）在弹出窗口中输入**支付密码**，支付成功。

3. 报名与打卡

- 活动报名

活动 是时间银行中的需求信息，报名参加活动的人可以获得发布方提供的积分回馈。

（1）登录小程序，访问**活动**页面。

（2）在**活动**页面顶部有**活动类型**的页签，可以设置自己感兴趣的活动类型。

扫码支付

（3）在**活动**列表中，点击要报名的**活动**。

（4）进入**活动详情**页面，点击底部的**立即申请**按钮。

（5）进入**活动报名**页面，选择参加的**身份**，输入**联系电话**，选择**积分结算**方式。

（6）**个人身份**：活动积分全部结算到个人钱包。

（7）**团队成员身份**：活动积分按照团队设置的规则提留一部分到团队钱包，活动时长和次数同时统计到个人账号和团队账号。

（8）**积分结算**：可以选择将积分捐给发起方。

（9）点击页面底部的**确定**按钮，报名信息将发送给活动发起人，由对方确定人选。

活动报名

（10）发起方确定人选后，报名成功人员的微信**服务通知**中会收到**活动报名成功通知**。

- **服务报名**

服务 是时间银行中的供给信息，报名者需要向发起方支付积分。

（1）登录小程序，访问**发现**页面。

（2）在**发现** > **服务信息**栏有**服务类型**的页签，可以设置自己感兴趣的服务类型。

（3）在**服务**列表中，点击要报名的**服务**。

（4）进入**服务详情**页面，点击底部的**立即报名**按钮。

（5）系统锁定报名者钱包中的积分，报名成功。若报名者钱包中的积分不足，则无法报名。

- **活动打卡**

报名 *活动* 或 *服务* 成功后，在开始日期的当天打卡签到。

签到

（1）登录小程序，访问**首页**。

（2）在**首页**点击**签到**。

（3）进入**活动签到**页面，选择要签到的 *活动* 或者 *服务*。

（4）打开**记录活动轨迹**开关，并保持小程序在前台开启状态，可以记录活动期间的移动轨迹。

（5）点击页面底部的**确定**按钮，签到成功。

（6）签到成功后，**我的＞活动订单**中生成未完成状态的**活动订单**。

如果报名后发布方没有进行审核，在活动开始的当天进入活动设置的电子围栏范围内，点击签到按钮，也可以进行活动签到。此功能提供给临时参加活动的人员使用，但签到总人数不得超过活动设置的总人数。

签退

（1）*活动* 或 *服务* 结束后，访问小程序**首页**。

（2）原来的**签到**按钮已变为**签退**按钮，点击**签退**按钮。

活动签到

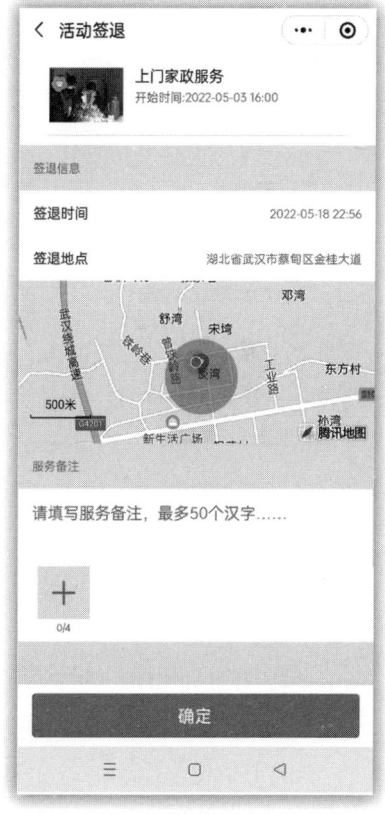

活动签退

（3）进入**活动签退**页面，填写**备注**，上传**活动图片**。

（4）第一张活动图片只能使用手机相机拍摄，后面的图片可以从相册中选择。

（5）点击页面底部的**确定**按钮，签退成功。

（6）签退后，自动进入**好友见证**页面。可以将活动信息分享给好友，请好友见证本次活动，传播公益正能量。

（7）签退成功后，**我的＞活动订单**中该**活动订单**从 *未完成* 状态变为 *已完成* 状态，并进入订单自动结算流程。

发布活动

4. 发布

根据机构管理员配置的权限，在时间银行小程序中 *用户* 或 *成员* 可以拥有发布**活动**和**服务**的权限，没有权限的角色无法进行发布。

● 发布活动

（1）登录小程序，访问**活动**页面。

（2）进入**活动**页面，点击页面右下角橙色的**发布**按钮。

（3）进入**发布活动**页面，填写活动信息，点击页面底部的**发布**按钮，发布活动成功。钱包中的积分不足将无法发布活动。

（4）**活动价值**：根据机构管理员配置的规则自动计算积分，发布人不能修改。

（5）活动总积分 = 时长 × 活动系

数 × 人数。时长以半小时为 1 个单位，不足半小时按半小时计算；活动系数取多个类型的最大值计算。

（6）**电子围栏**：设置活动地点时可以设置电子围栏，该功能用于提示签到/签退地点的正确性。

（7）发布的活动显示在时间银行小程序的**活动**页面和**我的 > 我的活动 > 发布的活动**页面。

（8）活动发布成功后，钱包中自动锁定相应数量的积分，用于活动结算。

- **确定活动人选**

活动发布后，发布人需要在报名人员中确定参加活动的具体人选。

（1）登录小程序，访问**活动**页面。

（2）进入**我的 > 我的活动 > 发布的活动**页面。

确定活动人选

（3）点击活动列表中的活动，进入**活动详情**页面。

（4）在**确定活动人选**栏中选择人员，并点击页面底部的**确定人选**按钮。

（5）报名人员信息中显示了该人员与活动要求的匹配情况。灰色☑表示符合要求，红色☒表示不符合要求。

（6）确定人选数量不能超过发布活动时设置的人员数量。

（7）确定人选后，对方的微信**服务通知**中会收到**活动报名成功通知**。

- **发布服务**

（1）登录小程序，访问**发现**页面。

（2）进入**发现**页面，点击页面右下角橙色的**发布**按钮。

（3）进入**发布服务**页面，填写服务信息，点击页面底部的**发布**按钮，发布服务成功。

（4）**服务价值**：根据机构管理员配置的规则自动计算积分，发布人可以修改。

（5）发布的服务显示在时间银行小程序的**活动**页面和**我的＞我的活动＞发布的活动**页面。

5. 积分兑换

时间银行参与者参加活动，根据机构设置的活动订单结算规则获得*物资积分*或*现金积分*后，可以使用这两种积分进行兑换。

● 兑换物资

（1）登录小程序，访问**兑换**页面。

（2）在**兑换**页面选择要兑换的物资，进入**兑换详情**页面。点击页面底部**立即兑换**。

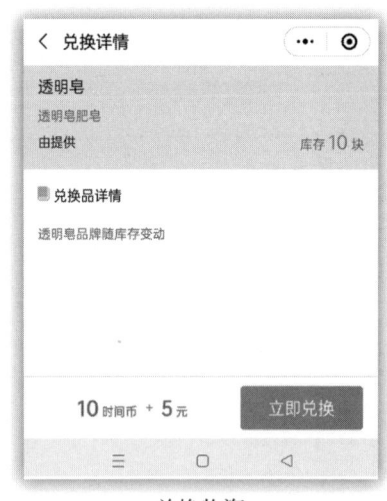

兑换物资

（3）进入**确认订单**页面，设置**收货地址**、**兑换数量**。点击页面底部提交订单按钮。

（4）在页面底部弹出的**发送一次以下消息**弹窗中选择**确定**按钮。在出现的**钱包密码**弹窗中输入钱包密码。

（5）如果兑换品需要支付现金，要在**微信支付**弹窗中输入微信支付密码。

（6）系统提示：您的兑换申请已经发送成功，请等候机构受理。点击**确定**按钮，同时微信服务通知中会收到积分使用通知。

（7）进入**我的** > **我的兑换**，可以查看兑换订单处理进度。

- **兑换现金**

（1）登录小程序，访问**兑换**页面。

（2）在**兑换**页面选择要兑换的现金，进入**兑换详情**页面。点击页面底部**立即兑换**按钮。

（3）进入**确认订单**页面，设置**收款账号**、**兑换金额**。点击页面底部**提交订单**按钮。

（4）收款账号可以填写**微信账号**、**支付宝账号**或者**银行账号**。

（5）在页面底部弹出的**发送一次以下消息**窗口中选择**确定**按钮。在出现的**钱包密码**弹窗中输入钱包密码。

（6）系统提示：**您的兑换申请已经发送成功，请等候机构受理**。点击**确定**按钮。同时微信服务通知中会收到积分使用通知。

（7）进入**我的** > **我的兑换**，可以查看兑换订单处理进度。

6. 活动订单

在时间银行中报名参加 *活动* 和 *服务*，**签到**后生成 *未完成* 状态的活动订单，**签退**后生成 *已完成* 状态的活动订单。已完成状态订单自动进入结算流程，如果没有人工结算，72 小时后系

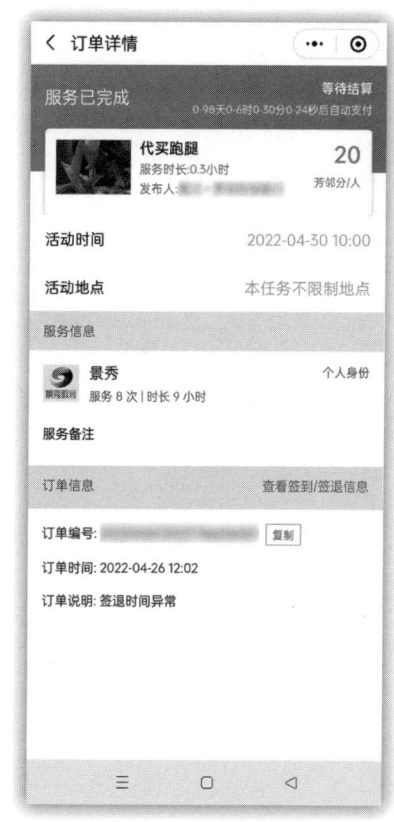

活动订单

统自动结算。

- 人工结算订单

（1）活动发布方登录小程序，访问**我的 > 活动订单 > 已完成**页面。

（2）点击要结算的订单数据，进入**订单详情**页面。

（3）**订单说明**：提示服务方实际打卡的时间地点与活动要求的匹配情况。

（4）点击页面底部的**确认支付**按钮，进入确认支付页面。

（5）对服务质量进行**评价**，点击页面底部的**确定**按钮。

（6）订单结算完成，变为已结算状态。

（7）活动服务方的微信**服务通知**中会收到**收益到账通知**。

7. 公益项目

在时间银行中 *公益项目* 可以用于开展慈善法许可的定向募款和群众性互助互济活动，显示项目开展的**活动次数**、**服务人时**、**执行进度**等信息。机构可以根据需要关闭公益项目栏目或者关闭公益项目的收款功能。

- 捐款

（1）登录小程序，访问**首页 > 公益项目**。

（2）点击公益项目列表中的数据，进入**项目详情**页面。

（3）在**项目详情**页面，点击底部的**出把力**按钮，在**发送一次以下消息**弹窗中点击**确定**按钮。

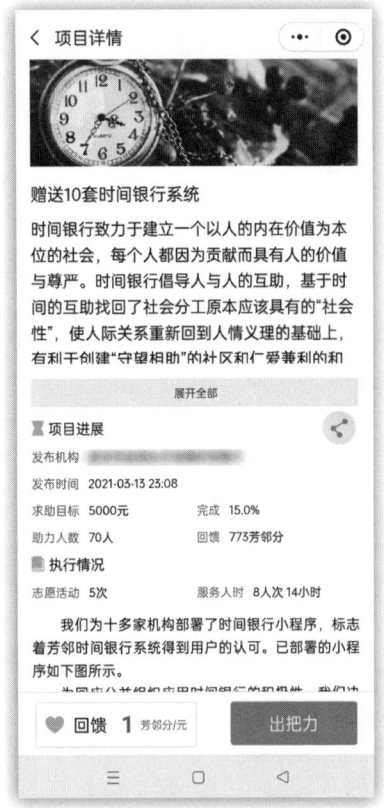

公益项目

(4)在**出把力**弹窗中选择或者输入金额,点击**确定**按钮。

(5)在微信支付弹窗中输入微信支付密码,支付成功。

(6)支付完成后,系统根据项目设置的**回馈标准**,向支付方的钱包中支付回馈积分。

8. 志愿团队

在时间银行中,*志愿团队*是由多个参与者组成的服务提供方。参与者以*团队成员*身份参加活动时,个人所得的部分积分将按照团队管理员设置的*提留比例*结算到*团队钱包*,个人的服务时长和次数也同时统计到团队账号中。

根据时间银行管理员配置的权限,在小程序中*用户*或*成员*可以创建团队。没有权限的角色无法创建志愿团队。

志愿团队

- **创建团队**

(1)登录小程序,访问**我的 > 我的团队**页面。

(2)在页面底部点击**创建团队**按钮,进入**创建团队**页面。

(3)在**创建团队**页面填写各栏位数据。

(4)**提留比例**:参与者以团队成员报名参加活动时,系统根据提留比例,将个人积分的一部分提留到团队钱包中,由团队管理员管理。

(5)点击**发布**按钮,成功创建团队。

（6）创建的团队显示在**发现**页面和**我的 > 我的团队 > 管理的团队**页面。

- 加入/退出团队

（1）登录小程序，访问**发现**页面。

（2）在发现页面点击志愿团队，进入**团队详情**页面。

（3）在**团队详情**页面底部点击**加入团队**。根据团队管理员设置的加入方式，直接加入或者等候管理员审核。

（4）审核通过成功加入团队后，微信**服务通知**中会收到**审核通过提醒**。

（5）加入团队后，在**团队详情**页面底部，点击**退出团队**可以退出。

- 团队管理

团队管理员可以在小程序中管理自己的团队。

（1）登录小程序，访问**我的 > 我的团队 > 管理的团队**页面。

（2）点击团队数据，进入**团队详情**页面。

（3）点击页面底部的**管理团队**按钮，进入**团队管理**页面。

（4）**团队钱包**：设置和管理团队钱包，钱包功能与个人钱包相同。

（5）**提留比例**：团队成员参加活动获得的积分将按提留比例结算一部分到团队钱包中。

（6）**成员管理**：可以删除团队成员。

（7）**加入审核**：审核加入团队的申请。

（8）**管理权转让**：将团队管理员身份转让给其他团队成员。

 第六章

时间银行案例

一花独放不是春,百花齐放春满园。

——《古今贤文》

一、发展"关爱经济"的时间银行

阿罗约 SECO 时间银行网络（ASNTB）是阿罗约可持续经济社区组织（Arroyo SECO）的一个项目。该组织于 2012 年在美国洛杉矶成立，希望通过建立关系、倡导服务和创造性地解决社区内的问题，以此来利用现有资源对抗贫困和孤立，提供更大的社会包容和经济稳定。该机构目前仍在蓬勃发展，网站和脸书持续更新。ASNTB 为 13 个社区的 1300 多名成员提供了 34 种个人服务和 11 种团体服务，它和 40 多个社区组织和外部机构建立了合作关系，每年成员间彼此提供 24000 多小时的服务。这些数据可能是它能一直保持健康发展的原因。

ASNTB 按时间等值的方式运营，为他人提供一个小时服务获得的 Time Dollar 可以换取别人一小时的服务。该组织认为在"关爱经济"中，每个人的时间都是平等的——就像在家庭中一样。给时间分别定价会让一些人比其他人更有价值，这会让大家彼此分离。ASNTB 希望建立一个用于平衡市场经济的平行经济，人们基于地理而不是血统来建立大家庭，像家人一样互相照顾。时间银行中开展的项目包括维修、园艺、心身课程、假日集市、宠物看护、社区经济等方面，最值得称道的是社区循环贷款和地方经济孵化器这两个项目。

社区循环贷款基金（CRLF）旨在通过提供小额贷款和获得专业发展的机会来培养、支持和赋能社区。该基金为时间银行中的创业者提供社区支持的低息小额贷款以创建他们的企业和合作社，合格的时间银行成员可以申请获得 500 美元至 5000 美元的小额贷款。该基金特别支持妇女和经济困难者、促进环境和社区可持续性的企业、对 ASNTB 社区产生直接和积极影响的企业、具有社会使命的社会企业。

贷款基金同时使用美元和 Time Dollar。该基金向 ASNTB 成员提供美元贷款，成员用 Time Dollar 支付相关的贷款费用。随着贷款的偿还可以将更多的资金供新的借款人使用。借款人还可以参加时间银行的另一个项目——"地方经济孵化器"。

地方经济孵化器提供一个学习空间来支持本地新创的小企业和合作社，通过发展地区经济来增强社区凝聚力、增加社区服务供给。申请者必须是时间银行的成员，在本地开展业务，并尽可能从当地采购材料和用品。孵化器在时间银行成员中聘请优秀的企业家作为导师，在可持续性、商业计划、品牌、战略、财务以及学员可能需要的任何领域提供指导。社区循环贷款过程中的基金管理员、评审员和孵化器培训导师都是时间银行的成员，他们因提供服务而获得 Time Dollar 回报。

社区循环贷款基金（CRLF）非常成功，因为它使用社会资本，将时间、资源和信念投入到未来的小企业主身上，参与地方经济孵化器又可以培养更多的社区信任和责任感。当借款人对社区负责时，他们更有可能偿还贷款，并有可能从今天的借款人成为明天的导师和资金捐助者。

二、香港满竹跨世代时间银行

1. 项目介绍

香港的满竹跨世代是一家社会企业，该公司的"满竹跨世代"运动是以竹子为原材料开办竹艺、搭棚等培训工作坊，以弘扬中华传统竹艺，推动简朴生活，创造长幼共融的全龄行动。创始团队认为"满竹跨世代"既是社会运动，也是商业项目。只有通过社会运动才能从深度及广度不断地增强社会效应，只有通过商业运营才能不断地自我"造血"支持该运动的发展。

"满竹跨世代"活动

"满竹跨世代"运动吸引了大量义工参与,创始团队决定将商业创造的收入和利润在相关方之间公平地分配。他们采用由平台合作社(Platform Cooperative)与时间银行相结合的形式建立组织结构。平台合作社是以有限公司形式注册的新型组织,它与传统公司的主要区别有两点:

- 利润更公平地分配,不集中在少数股东手上。
- 重大决策及财务信息有更大的透明度。

时间银行的精神和机制方便不同人士参与,实现报酬分配与投入时间挂钩。公司业务产生利润后,董事会可以决定将部分利润分发给会员,其股份设计方案如下:

创始人股份:	25%
发展基金:	10%
会员股份:	60%
董事会决定:	5%
	100%

会员进行义务工作可以赚取"时分"(Time Credit),一小时一分。每半年结算一次,企业盈余的60%分配给全体会员,每个会员根据自己所持时分占总时分的比例获得分红。创始人及受薪员工不累积时分,兼职员工在受薪时间以外参与义工工作可累积时分。非会员参与义务工作不累积时分,可以通过参与认证导师培训成为会员后累积时分。

"时分"除了作为利润分配的基础外,还可以用来换取其他产品或服务。

包括工作坊、课程、康乐活动、度假营、度假屋等，以及各种竹制产品，例如：竹床、竹沙发、竹书/花架、竹计算器、竹杯碟、竹牙刷、竹纸巾等。公司还计划与其他时间银行合作，互通时分、可换取的产品与服务。

2. 参考价值

"满竹跨世代"的创始人谢家驹博士为本书读者撰写了《香港的"满竹跨世代"对内地有何参考价值》一文，介绍该项目的产生背景、成长历程、运营方式和注意事项。全文如下：

香港的"满竹跨世代"对内地有何参考价值

1. 在有点机缘巧合的情况下，我们开创了"满竹跨世代"这个计划。经历了十八多个月的发展，现在既是一个"运动"，也是一门生意。

2. 所谓运动，是指有鲜明的社会使命，也容许及鼓励愈来愈多人的参与，通过大众的力量，运用多种的形式，让运动向广度及深度发展，目的是移风易俗，树立新价值、新行为。

我们受 New Power 一书的洗礼，掌握了一些创建运动的策略，其中最重要的一个概念，就是"超级参与者"（Super-participants）。意思是指一个运动中，参与人数固然很多，但不是所有人都会对运动作出重要贡献的。在领导团队之外，要刻意物色及栽培"超级参与者"，而且愈多愈好。New Power 一书的中文译本，书名就是"超级参与者"，可见其重要性。

"满竹跨世代"能够比较迅速成长，与我们在培养"超级参与者"的努力有莫大关系。

3. "满竹跨世代"同时也是一门生意。为什么？因为只有通过创造收入及利润，我们才可以自我"造血"，持续运作，并运用部分利润去支持运动的发展。否则我们便得倚靠义工及赞助来维持。

我们欢迎并采用大量义工，但也需要受薪员工；我们并不抗拒赞助，但不会完全倚赖赞助。

我们刻意将运动与生意结合起来，两者相辅相成，缺一不可。

4. 我们的生意中，最重要的收入创造者，是"搭棚工作坊"。这需要特别介绍一下。没有了它，整门生意也不容易做。

5. 过去二十多年，我开拓了多门社会企业。深刻体验到其艰巨性。意思是，构思一门既有社会意义又能赚钱的生意是非常不容易的。

6. "黑暗中对话"是一个难得的正面例子。亦因为"黑暗中对话"的经验，令我设计出"搭棚工作坊"这个独特的项目。

大家都知道，搭棚一门中华传统工艺，有千年的历史，世界其他地方即使有广泛地采用竹枝（例如东南亚），也没有类似的工艺。不幸的是，在中国大陆及台湾，都没有在建筑上被再运用，现在只剩下香港及澳门才到处可见到竹棚。

一般人眼中，搭棚高不可攀，看似相当复杂、遥远及神秘。总之，你和我都没想过会懂得搭棚。

但出乎意料的是，原来搭棚最基本而关键的技巧，即扎结，却是很容易掌握的。

我也是自学成功的。

基本上，五分钟便可明白，再用十数分钟便可上手。马上便可应用来扎不同的对象，包括各种实用的架子、游乐设施、台及椅、工艺品、装饰品等。

在短短半天或整天的工作坊活动中，学员会全情投入，乐在其中，既能发挥创意，重拾童心，又能够培养团队精神，提升领导技巧，加上亲手接触竹枝这种自然物料，可以增进环保意识，让我们体会到日常用的物料也应尽可能是像竹一样：有持续性，可生物化解，成长迅速，毋需肥料及杀虫药，基本上是用之不尽，可在很多方面取代一些不能持续的物料，如塑料、金属、木材等。

我们的工作坊就是以此为设计基础,所以甚受欢迎,为我们创造出可靠而持久的收入。

另一个重大特征,就是相对容易地培养出主持这些工作坊的导师。每一工作坊都需要一位总导师与及数字辅助导师。

7. 对导师的训练是我们另一个突破。由于工作坊大受欢迎(每星期平均一至两次活动),我们需要大量导师,所以便推出了"认证满竹工作坊导师课程",学费三千元。

三天培训,另加五次实习(即在工作坊上当义工来学习),便可获得证书,以后在担任工作坊辅助导师时便可领取津贴(五百元一天,不算高,但大家都很珍惜)。目前已有三十人获得认证。

这些获得认证的导师就是上面提到的"超级参与者",相比于其他参与者,他们投入更大,亦能够创造价值,他们特别热心,也乐于参与到其他的义务工作中,对推动整个运动贡献良多。

这也是运动与生意相辅相成的一个表现。

8. 我们运作了一年半,才考虑成立公司,并决定用"平台合作社"结合"时间银行"来运行。平台合作社的成员,我们只邀请认证导师加入,但也并不是每一位都愿意接受,最后一共有二十位参加,他们就成了始创会员。具体的安排在"会员手册"中有详细介绍。

9. 长者的特殊作用。香港满竹运动的发展过程中,长者扮演了一个举足轻重的角色,其中牵涉到偶然及必然的因素。

说是偶然,是因为刚巧运动最早的发起人都是退休人士。

但也可说是有点必然,因为我们办的工作坊,大部分是在平日(非假期)举行,只有退休及自雇人士才有时间参与当导师及义工。假若他们全部都是受薪员工,我们的营运成本将大大提高,未必能够做到自负盈亏。

内地朋友要考虑这点。

值得留意的,是我们所谓的"搭棚工作坊",并不需要大量的体力劳动,不用机动工具，也毋须攀高，所以很安全，长者、女士，甚至小孩（十岁以上）都可以乐在其中。

10. 由于长者的参与，所以我们的培训及其他活动都通常是数代同堂，自然而然地取得长幼共融的效果，不像一些坊间的共融活动，生硬地把不同年纪的人放在一起，不一定达到融合的效果。最不幸的是不少年轻人抗拒这些共融活动。满竹的活动不标榜长幼共融，实际上却做到了这个效果，这是我们很引以为荣的。

11. 场地问题。我们的活动，需要较大的空间，最适宜在郊区户外举行。我们尝试用过不同场地，效果也有差异。关键的因素包括：场租、交通、食物供应、防晒、防蚊等。此外，竹枝运输及储存也是重要考虑。

时至今天，我们已开发了四个场地，供不同活动之用。最大的一个，可容纳超过一百人开展工作坊活，其他则在二十人至四十人。

四个场地中，有两个是长期租用，另两个需每次租用。

内地朋友可考虑集中在一个场地办活动，方便管理。

谢家驹
2022.3.15

三、英国最古老又充满活力的时间银行

Fair Shares 社区时间银行是英国的第一家时间银行，由马丁·西蒙（Martin Simon）从美国引入。马丁一直质疑用社区外面的人解决社区发展方法的有效性，认为只有生活在社区中的人才能建设社区。他在美国访问期间了解时间银行后，认为这是一种重视每个人的贡献并且每个人都可以作出贡献的机制，可以作为重建英国正在走向衰落和分裂社区的机制。1998年第一家 Fair Shares 在格洛斯特郡斯通豪斯成立，随后在多个地方成立了时

间银行。它们的距离很近，可以相互学习交流经验。2003 年，多家时间银行合并成立了英国第一个全市性质的时间银行，使相关的时间银行区域网络变得更加紧密。

Fair Shares 至今已经活跃了 20 多年，拥有 1500 多名不同年龄和背景的会员。目前开展的项目包括：与失智者一起生活、木工车间、都市农场、格洛斯特青年、交朋友、就业挑战，并与全市的 10 多个企业和机构建立了合作关系，并将时间银行融入其中。

Fair Shares 一直有创新性，是英国最成功的时间银行之一，在时间银行中起着旗舰作用。其成功一方面得益于有效的运营管理，他们认为任何社区中都有成千上万的小对话，但还是需要一些新方法激发它们，于是建立了人际连接的启动机制，采取的措施包括：由时间银行协调人介入并组织活动创造会面机会；在新成员进入小组活动之前先提供支持做好准备；时间银行的事情留给成员来决定。

另一方面是通过创办社会企业较好地解决了资金问题，这样既能保持时间银行的可持续性，也有助于发挥其自主性。除了办慈善商店、获取外部捐赠外，1994 年 Fair Shares 的主席就提出了开办高速公路服务项目的想法，这既能创造当地就业机会，又可以促进当地社区的繁荣。经过多年努力，2014 年通过与 GGT 慈善信托机构合作，该项目终于投入运营。该服务站的农场商店、礼品店、生鲜店的所有产品全部由本地供应商提供，咖啡厅和餐厅供应新鲜的当地食材。这种做法帮助了 200 多家本

Fair Shares慈善商店

地和区域生产者,并创造了约 400 个长期就业岗位。服务站收入的一部分通过 GGT 回流到当地社区,直接投资于 6 个当地组织创造更多地区发展机会。另一部分用于支付 Fair Shares 时间银行的固定运营成本,使得他们可以无需应对外部资助方对他们提出的不必要条件和要求。

Fair Shares 社区时间银行确定的原则如下:

- **人是社区的力量**:社区的真正财富是居民和他们的技能。每个人都可以为社区作出贡献。社区面临的问题可以从内部找到解决方案,提供让每个人都因所做的事情而受到重视的方法。
- **重新定义评价方法**:"工作"不仅仅是为了赚钱而做事,为社区作贡献和帮助邻居也是重要的和有价值的。从修剪草坪到与老人聊天,任何事情都需要得到赞赏,时间银行强调这些简单的贡献对于社会的繁荣至关重要。
- **给予和接受**:每个人都参与到给予和接受中,每个人都互相帮助。每个人都有一些东西可以给予,我们需要经常伸出援助之手。
- **建立社会联系**:时间银行不仅仅是志愿行为,它还能在不同的人和群体之间建立友谊、关系和联系。健康的社区是建立在信任的基础上的,通过彼此之间有意义的互动来建立这种信任。社区中每个人的身心健康高度依赖于牢固持久的关系。

四、台湾弘道互助连线

1995 年台湾弘道老人福利基金会(以下简称弘道)创办人郭东曜从日本引入时间银行概念,在台湾创办了"志工联线计划"。主张联合众人的力量共同推动老人福利,志工服务老人可储存时数供自己使用或服务亲人。这项措施执行 10 多年后,却仅有 11 笔提领数。主要原因是当时社会普遍认为"志愿服务是无偿服务,不需要提领"。各地方的服务处工作模式以个案工作为主，无法在时间银行上投入大量人力，而且志工站不够密集，志工想提领服务给远地亲人，也时常遇到亲人所在地没有志工站的窘境。

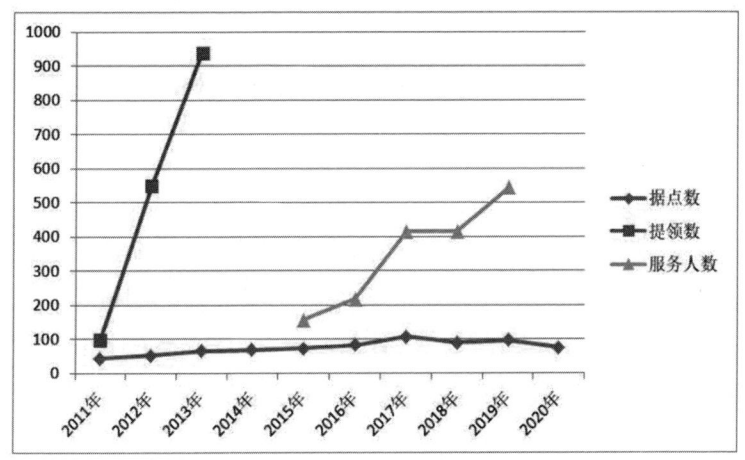

台湾弘道"互助连线"发展历程数据
资料来源：https://www.hondao.org.tw

2004年，该计划更名为"志工人力时间银行"，开始聘用专业人员投入服务。2006年以后，弘道频繁举办各种时间银行研讨会和交流活动，发行相关刊物传播时间银行理念。弘道2009年修订的管理办法显示：其发行的互助券面额为10分钟、30分钟、60分钟，服务不分项目，没有难易之分，每次服务交换由会员记录在互助券的登录栏上。互助券每年年底被交回发行单位，当年未使用完的时数归零不再累计。会员退出要还清所有互助券，不能再进行服务交换。会员每年要交纳100台币会费，入会时可获得300分钟互助券。

2010年，弘道推出"互助连线中心"，进一步有系统、有组织地在全台湾发展互助连线据点。据点由志愿服务组织申请后签约加入，协助志工办理申请提领时数的手续。互助连线据点按年签约，每个据点一年内至少要完成1件申请提领。服务范围分为"陪伴关怀、居家生活、活动企划、课程学习"4个大类20多个小项。"互助连线"确定的核心价值是"互助、信任、尽孝",服务对象为互助据点的志工和志工家人。

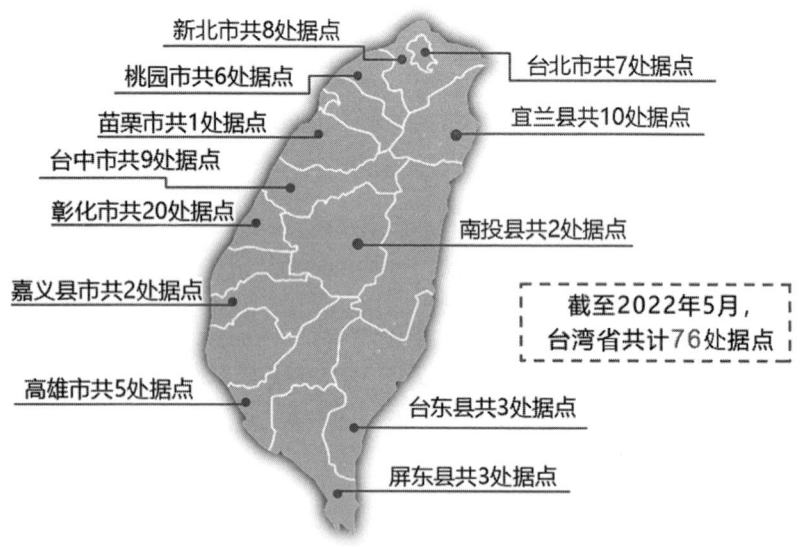

互助连线2022年据点分布图
资料来源:http://www.hondao.org.tw

弘道在推行时间银行过程中着重社区志愿组织的培育,接纳社区志愿组织形态的多元性,发展非制式的社区志愿组织。同时发展互助服务型的志愿人力,而非传统慈善服务型的志愿人力。

五、爱有戏为困境人群创造机会

成都高新区爱有戏社会工作服务中心运营的中和街道社工站(以下简称中和社工站)成立于2021年8月。从成立之日起,该社工站本着"助人自助"的价值理念,回应社区中困境群体现实问题和满足居民基本需求。同时兼顾预防性、发展性的服务思路，整合社区、社会组织、社工、社区志愿者、社会公益慈善资源的"五社"力量联动，搭建社区互助机制，为困境人群提供参与社会的机会，推动服务对象实现从依赖他人帮助到自我服务、互助服务的转变。

中和社工站通过建立义仓小站，搭建资源整合平台，以开展社区义集义卖的方式，引入各方资源参与，建立"义仓、义集"互助体系，不仅激活了社区企业资源，更让居民家中闲置物资得以二次流动，困境家庭也可以通过参与义集义卖、志愿服务，获得参与社会的机会，营造互帮互助的社区氛围。"义仓、义集"参与式互助倡导社区爱心人士开展定期的、非现金的小额捐赠，包括旧物资、食品、洗化品、时间四大类，用于帮助辖区内的弱势群体和边缘户。在"义仓、义集"互助体系中，志愿者与困难群体之间没有纯粹的"施"与"受"的概念，受助家庭在接受帮扶的同时也可以通过时间的捐赠成为社区志愿者，认为每个人都被视为平等的主体。

中和街道社工站通过"义仓、义集"参与式互助机制，联合辖区20个社区社工室，共同开展慰问关爱、帮扶救助和专业社会工作服务，服务困境老人、儿童、残障人士等脆弱人群共计325户困难家庭，2000余户次。建立志愿服务队1支，发展固定成员30多人，流动志愿者500余人，孵化培育5支社区社会组织开展志愿服务。整合社会公益慈善资源募集爱心物资32668件，总价值约143092.2元，参与的爱心企业、爱心家庭100余家。

中和社工站从专业服务理念到助人自助行动上均坚持把服务对象的自我价值的实现作为服务的必要目标。案主林家成（化名）一家是中和社工站"义仓、义集"参与式互助的服务对象。对于林家成来说，儿子无疑是他一生中最珍视的人，却在2017年被确诊为急性白血病，林家成每3个月就要带儿子到北京进行治疗，因为需要照顾儿子无法上班，而前妻则是不管不顾，靠家成父母补贴维持基本生活。为儿子治病以来，医疗费100多万元，获得了红十字救助、大病救助、社会的捐赠，以及亲戚、朋友、社区邻里的借款。不幸中的万幸，在众多力量的帮助下，儿子的病情总算稳定下来，已经可以恢复上学。但长期脱离学校生活导致儿子在学业上面非常滞后，与班级同学也缺乏交流，意识到这个问题的林家成找到了社工寻求帮助。

2021年7月，中和街道社工站开始展开对林家成的帮扶工作，专业社工与其共同制订了服务方案，根据林家成及儿子目前的情况，开展了针对儿子的学能补给、社会融入、情感支持等服务，针对林家成开展了家庭照顾知识传授、就业援助、情绪疏导等服务，针对其家庭提供了物资援助、资源链接、"喘息"服务、志愿服务等内容，共计服务34次，社工与林家成及林家成的儿子建立了良好的信任关系。在服务提供的同时，社工积极培育林家成的志愿服务精神，鼓励其成为中和社工站的志愿者，并贡献自己的力量。林家成先后参与多次志愿服务，力所能及帮助他人，成为中和社工站最稳定的爱心志愿者，在义集活动现场帮助社工搬运爱心物资，在"困境儿童友好偕伴计划"小组活动中帮助社工维持现场秩序，积极参社区参与高龄、独居老人常态化关爱巡防工作，并且在林家成的影响下，儿子也成为社工站的小小志愿者参与社工站组织的义集活动，成为"义仓、义集"宣传者，并且义卖自己的闲置玩具等。

像林家成这样的困境家庭，中和社工站还有很多，他们既是受助者，也是爱心的奉献者，他们力所能及积极参与社会、参与志愿服务、共享社会发展成果，才是社工服务的最终目标。

当然，社工站也面临着现实的困境。这种互助理念在社区还没有形成大多数人的共识，特别是长期接受单向帮助的救助对象，短时间内参与互助、助人的意识还难以转变，他们的依赖性仍然较强。而且互助机制的可持续性问题仍然难以解决，严重受到社工站项目是否延续、社工专业能力强弱的影响。社工站下一步需要建立自我运转的机制，让更多的成员——特别是处于困境中的脆弱人群，在这里找到存在的意义和价值。

六、活动丰富的西怀特时间银行

英国的西怀特时间银行（West Wight Timebank）创立于2015年，目前拥有100多名个人会员和18个团体会员。2018年获得了国家彩票社区基金的支持，以此建立一个强大、有爱心和韧性的社区。该时间银行开展了一系列的社区活动来实现自己的目标：

● **时间银行盒子计划**：该计划从2020年6月开始执行，旨在解决时间银行会员和家人在自我隔离状态下产生的食物匮乏的物质需求和孤独、焦虑等情感心理健康问题。时间银行协调员通过电话和网络与会员交谈，了解他们的需求和服务意愿，然后制作4种不同的盒子送到需要者家中。

● **种植箱计划**：用时间银行会员捐赠的箱子制成蔬菜或水果种植箱，然后由会员及其家人种上蔬菜或水果，送到那些感觉脆弱、孤独或没有花园的居民家门口。每个月由不同的会员制作10个盒子。截至2020年11月已向时间银行的会员及其家人、护理人员和社区其他居民交付了72个种植箱。

● **健康盒计划**：用时间银行会员捐赠的自制肥皂、艺术卡片、诗歌和短篇小说制作健康礼品盒，每月制作10个盒子，采用与种植箱相同的方式送给时间银行会员和社区居民。截至2020年11月，为会员及其家人、护理人员和社区居民制作、交付了62个健康箱。

● **食品袋计划**：时间银行协调员整理当地商店捐赠的食品，送到西怀特的学校和幼儿园，由他们转赠给最需要的家庭，每月送出10袋。截至2020年11月已经送出了128个食品袋。

● **交换包计划**：时间银行鼓励家庭捐赠孩子长大后不使用的衣服、玩具、书籍等物品。由会员清洗、分类，包装好后送给需要的家庭。如果使用后的状况良好，将来还可以重新用于另一个家庭。

● **球茎盒计划**：时间银行将会员捐赠的球茎植物种植好后送给其他

会员。

● **时间银行社区分配**：在西怀特苗圃的支持下，时间银行有一个社区花园。在会员之间分享西红柿、豆类和土豆等作物，并至少留出 50% 的产品与社区分享。

● **食物再分配计划**：时间银行的会员从酒店、商店收集原本会浪费掉的面包、水果和蔬菜。每周两次重新分配给当地的学校和托儿所。

● **时间银行漫步**：会员定期会面开展徒步旅行。

● **社区券计划**：社区券计划为时间银行的会员和他们的家人、朋友提供了一个不同的机会，可以用他们的时间积分从西怀特当地企业兑换 10% 的物品和服务。目前参与该计划的企业有健身中心、海洋渔业公司、精品民宿。

● **跳蚤市场**：每个月在社区咖啡厅举办了一次跳蚤市场，社区居民能够带来他们不再需要的东西并将其换成他们想要的东西。

● **见面和吃饭**：每月与当地另一家社会组织合作举办一次社区烹饪活动解决食物浪费问题。使用的食材由当地商店捐赠，其中 90% 都是原本会被扔掉的食材。厨师由时间银行的会员担任，他们每次都对食材的种类感到惊喜。参与者按自己的意愿捐赠，捐款交给合作的那家社会组织用于食品公益项目。

● **家庭跳蚤市场**：每周一早上，在西怀特的家庭中心为有 0-4 岁儿童的家庭举办家庭跳蚤市场活动。为当地家庭提供支持，让他们有机会交换不需要或过时的衣服、玩具或设备。时间银行还制作适龄的衣服和玩具小包裹送给当地的寄养和收养团队。

西怀特时间银行还通过出售会员制作的精美卡片和短篇小说比赛优秀作品集来为时间银行募捐。卡片是由一位患有克罗恩病的会员创作的丝绸画制作而成，这位会员将艺术创作作为自己疗愈的方法。

附 录

一、加入时间银行的申明

我自愿加入时间银行,并遵守以下规则:

1. 保护其他参与者的隐私或机密。
2. 尊重其他参与者的观点,不强迫其他参与者接受我的宗教信仰或政治观点。
3. 未经时间银行同意,不把朋友或亲戚带到参与者的家里或时间银行活动场所。
4. 不向其他参与者索要或接受金钱、礼物或小费。
5. 未经邀请,不吃喝参与者的食物和饮料。
6. 在参与者家中或时间银行活动场所禁止吸烟。
7. 除非得到明确的许可,不得使用参与者的任何物品,包括电话。
8. 始终尊重地对待其他参与者。
9. 不利用时间银行从事任何与时间银行无关的活动。
10. 遵守时间银行的各项规则,按照时间银行的规定使用积分。

时间银行将保留参与者活动的个人信息、活动过程中的照片及其他数字化记录。这些信息可能会用于时间银行的数据分析和公众宣传。我同意时间银行保留上述数据,并同意将照片用于时间银行的公众宣传。

□是　　□否

本人同意遵守上述基本规则

签名:＿＿＿＿＿＿＿

日期:＿＿＿＿＿＿＿

二、时间银行负责人岗位描述

时间银行项目负责人的工作是管理时间银行项目的日常运行，招募和培训成员，将他们连接起来，并发起项目让参与者参加活动，以实现他们自己和社区的目标。

主要任务包括：
- 招募时间银行参与者，管理参与者的资料。
- 连接个人的需求和供给，监测、评估时间交换。
- 确保参与者个人账户中的数据及时更新。
- 组织团队活动、推广活动和培训。
- 通过督导活动鼓励时间银行成员参与项目的管理和开发。
- 发展本地社区组织和团体参与时间银行。
- 通过各种媒体宣传推广时间银行。
- 监导志愿团队，组织团队的时间交换活动。
- 鼓励时间银行成员参与时间银行的日常运作。
- 控制时间银行的预算执行。
- 发现时间银行的募资机会，向资助者和基金会提出资金申请。
- 持续进行时间银行成员的案例研究，创建评估时间银行有效性的计划。
- 确保时间银行遵守相关的法规政策，保障其在合法程序下运营。

三、时间银行评价指标表

哥伦比亚大学国际与公共事务学院的丽梅奥（Liz Moyer）设计了一个时间银行的影响评估模型，从社区心理、社交网络、经济发展三个维度评估时间银行如何增加社区的社会资本，见下表。

社会资本	时间银行	指标	衡量标准	工具	测量方式/分析公式
社区心理	互惠是有益的	社区心理意识	"我对生活的社区有强烈的社区意识。"/"在时间银行中我有强烈的社区意识。"	调查	李克特5级量表
			"社区中的人尊敬我/时间银行中的人尊敬我"。	调查	李克特5级量表
			"我是社区中重要的一部分"/"我是时间银行中重要的一部分"。	调查	李克特5级量表
		互惠规范	"你认为大部分时间人们是想帮助别人，还是认为他们主要是在照顾自己？"/"你认为时间银行中的大多数人都想帮助别人，还是认为他们主要是为自己着想？"	调查	选择题
			"在过去的一个月里，你有没有帮助过需要帮助的陌生人？"/"自从加入时间银行以来，在过去的一个月里，你有没有帮助过时间银行之外需要帮助的陌生人？"	调查	选择题
			账户结余：在时间银行中使用的总时数与获得的总时数的比率。	数据分析	比率 = 花费的时数/获得的时数

续表

社会资本	时间银行	指标	衡量标准	工具	测量方式/分析公式
社交网络	社交网络建立社区	社交网络的扩展	"在过去的一个月里，你认识了多少新朋友？"/"有多少比例的时间银行接触者是通过时间银行第一次见面的？"	调查	选择题
			时间银行成员年增长率。	数据分析	增长率=(本年数量−去年数量)/去年数量
			时间银行中活跃成员的数量。	数据分析	软件数据
			个人成员的连接数据。	数据分析	连接数=(Σ样本连接数)/样本数量
			时间银行成员提供的不同类型服务数量。	数据分析	软件数据
		参与	"我可以改善我周围的环境。"/"通过时间银行，我可以改善我所在社区的环境。"	调查	李克特5级量表
			"社区可以解决自己的问题。"/"通过时间银行，我可以解决社区出现的问题。"	调查	李克特5级量表
			在时间银行中成员交换(获取与使用)的时数。	数据分析	软件数据
			每个会员平均交换积分数。	数据分析	平均积分数=总积分数/总参与人数
			时间银行成员之间交换(获得和使用)的频率。	—	交换频率=(总积分数/总会员数)/时间范围

续表

社会资本	时间银行	指标	衡量标准	工具	测量方式/分析公式
经济发展	每个人都是资产&重新定义工作	信任	"我信任生活在社区的人。"/"我信任通过时间银行接触的人。"	调查	李克特5级量表
			时间银行成员在"准时""沟通"和"质量"各方面平均获得4星或以上声誉评级的百分比。	数据分析	比例=好评会员数/总会员数量
		经济价值	服务的市场价值。	数据分析	—
			服务的经济风险。	数据分析	—
			净经济效益。	数据分析	—

四、时间银行成员调查表

感谢您参加本次调查！您的反馈将为本时间银行提供全面的帮助，对时间银行的发展至关重要。

调查过程中我们需要了解您的基本信息，但我们会尊重您的隐私，绝不透露从本次调查中获得的任何个人信息。

完成调查后我们将提供时间银行积分奖励。

再次谢谢您的支持！

×××时间银行

（一）为什么加入时间银行

请选择以下各因素与您加入时间银行的关联程度。

	完全无关	较少关系	有些关系	很大关系
个人的价值观或信念				
从帮助别人中获得满足				
为提高社区生活质量作贡献				
建设更美好的社会				
省钱				
增加社区的凝聚力				
回馈社区				
体验一种新的生活方式				
使用自己不常用的技能				
在社交活动中更开心				
促进人与人的平等				
减少自己的孤独感				
感觉有用或被别人需要				
喜欢和志趣相投的人在一起				
建立人与人之间的信任				
用自己的技能为别人服务				
获得自己无法做到的服务				
结交新朋友				
用空闲时间做有价值的事				
帮助有需要的人				
获得不想付钱的服务或商品				
学习新的技能				
喜欢和熟人或朋友在一起				
获得买不起的服务或商品				
改善地方经济				

(二)参与时间银行

您第一次是从什么渠道听说时间银行?(单选)

☐ 从家人或朋友那里听说

☐ 从邻居、同事或认识的人那里听说

☐ 从网络上得知

☐ 从参加的组织得知

☐ 通过社会活动知道

☐ 从报纸或电视报道中知道

☐ 从广告中知道

☐ 从参加的会议中知道

☐ 其他途径

在您加入本时间银行之前,您认识本时间银行中的成员吗?

☐ 认识　☐ 不认识

根据您最近参与时间银行活动的情况,以下两方面您准备如何继续?

	增加	保持	减少
为他人提供服务			
请别人为自己服务			

哪些原因限制您参与时间银行的活动?

	完全无关	较少关系	有些关系	很大关系
我太忙了				
没有我想要的服务				
难以接触到其他成员				
我只想为别人服务,不想接受服务				

续表

	完全无关	较少关系	有些关系	很大关系
不习惯陌生人为我舒服				
没有人需要我的服务				
我联系的人无法提供服务				

您用什么方式向时间银行的其他参与者提出服务请求？

	从来没有	几乎没有	有时	经常	总是
从服务供给列表中搜索					
从排行榜中找合适人选					
在时间银行中发布需求信息					
向时间银行机构提出要求					
请其他参与者推荐人选					

您是否向时间银行参与者提供了服务，但没有记录数据到系统中？（单选）

☐ 没有这样做

☐ 有一两次

☐ 有少量次数

☐ 有很多次

请填写您这样做的原因：

您希望用哪种方式进行时间银行的服务？

	不希望	有点希望	很希望	非常希望
与提供服务的人交流，获得更多社会体验				
时间银行与商业交易一样，完成任务就可以了				

您参加时间银行社交活动的频率：
☐从不参加　☐很少　☐有时　☐经常　☐总是参加

您参加时间银行社交活动的满意度：
☐非常不满意　☐有点不满意　☐比较满意　☐非常满意

以下情况在多大程度上妨碍了您参加时间银行的社交活动？

	完全无关	较少关系	有些关系	很大关系
工作原因				
家庭原因				
交通不方便				
缺乏与其他成员交往的兴趣				

请说明您对以下陈述的同意程度：

	非常同意	有点同意	有点不同意	完全不同意
时间银行让我更有存在感				
我愿意努力帮助时间银行运营成功				
我觉得对这个时间银行没有什么忠诚度				
我愿意自豪地告诉大家我是这个组织的一员				
我认为自己和时间银行的其他成员有些相同				
我与这个时间银行的价值观相似				
我非常关心这个时间银行的未来				
我希望继续成为这个时间银行的成员				

续表

	不愿意	有点愿意	愿意	非常愿意
如果时间银行所有成员提供服务都没有任何积分回报,您还会继续参加吗?				
如果时间银行需要支付一定的会员费,您还会继续参加吗?				
如果时间银行需要你捐赠时间或金钱,你还会继续参加吗?				

（三）结果

您参加了这个时间银行后,在多大程度上使您能够:

	完全无关	较少关系	有些关系	很大关系
根据您的个人价值观、信念或信仰做事				
为提高您的社区生活质量作出贡献				
创造一个更好的社会				
从帮助别人中获得满足				
可以向别人寻求帮助				
建立人与人之间的信任				
帮助有需要的人				
向他人学习新技能				
拥有更健康的生活方式				
获得您买不起的服务或商品				
完成您自己无法做的事情				
获得您不想支付现金的服务或商品				
促进更平等的社会				
节省金钱				
更多时间与熟人或朋友相处				
更多时间与志同道合的人在一起				
更多时间与不同背景的人在一起				
使用您不经常使用的技能				
用您的技能为别人做点事				
体验全新的团队活动				

您参加了这个时间银行后,在多大程度上帮助你:

	完全无关	较少关系	有些关系	很大关系
发展了更深厚的友谊				
自己感觉更好				
感觉更能掌控自己的生活				
对您的社区感到更舒适				
感觉您可以在社区中有所作为				
觉得自己对社会作出了贡献				
改善当地经济				
提高您的生活水平				
结识了新朋友				

时间银行对您产生了哪些影响?

	完全无关	较少关系	有些关系	很大关系
改变了您对世界的看法				
改变了您对社区的看法				
增强您的购买力				
改善您的心理健康				
改善您的身体健康				

您参加时间银行后,以下这些活动的变化情况:

	完全没有	有一点	有一些	很大变化
提高了您参加非时间银行社交或社区活动的频率				
提高了您在家招待客人的频率				
提高了您参加志愿服务的频率				
提高了您对社会事务的参与度				

您加入时间银行后，以下这些方面的变化情况：

	完全没有	有一点	有一些	很大变化
让您减轻了财务压力				
让您学到新技能				
帮助您推广业务或吸引新客户				
帮助您减少孤独感				
使您感到被需要或有价值				
帮您找新的工作				
帮助您在空闲时间做有价值的事情				

如果本时间银行停止运营会对您的以下方面产生多大影响？

	没有影响	很小影响	有些影响	很大影响
您的社交生活				
您的自尊				
您对社区的感受				
您的社区参与度				
您获得想要服务的能力				
您获得必需服务的能力				

（四）会员满意度

您对以下事项的满意程度如何？

	不满意	不太满意	满意	非常满意
您在时间银行提供服务的能力				
您在时间银行获取服务的能力				
您遇到的成员数量				
参与的企业数量				
时间银行与参与者的沟通				

续表

	不满意	不太满意	满意	非常满意
时间银行参与者提供服务的方式				
您收到的商品和服务的质量				
时间银行提供的商品和服务范围				
时间银行创造的社区意识				
满足您的请求的速度				

您是否希望通过时间银行获得尚未提供的服务？

□ 是　□ 否

您对这些事项的同意程度：

	完全不同意	有点不同意	有点同意	非常同意
时间银行提供的商品和服务质量与我购买的一样好				
时间银行没有辜负我的期望				
我愿意向其他人推荐该时间银行				
该时间银行是一个成功的组织				

（五）社区体验

	从不	每年1-2次	每月1次	每周1次	每周多次
您多久参与一次正式组织的志愿服务？					
您多久参加一次非正式志愿服务(帮助家人、朋友或邻居)？					

续表

	从不	很少	有时	经常	总是
您和邻居聊天的频率？					
您和邻居互相帮助的频率？					
您与家人、朋友、邻居或熟人讨论社会问题的频率？					

（六）个人信息

您的性别：
☐ 女性　☐ 男性

您的出生日期：
　　　年　　　月　　　日

您和伴侣或其他人住在一起吗？
☐ 是　☐ 否

您的婚姻状态：
☐ 单身　☐ 已婚　☐ 离婚或分居　☐ 丧偶

您家里有几个孩子？
☐ 没有　☐ 1个　☐ 2个　☐ 3个　☐ 3个以上

您的居住情况：
☐ 有自己的住宅　☐ 租房

您的学历：
☐小学 ☐初中 ☐高中 ☐专科 ☐本科 ☐研究生 ☐博士

您的就职情况：
☐失业 ☐兼职 ☐全职 ☐退休

您的年收入：
☐5万元以下 ☐5万-9.9万元 ☐10万-14.9万元 ☐15万-19.9万元 ☐20万元以上

您的健康状况：
☐糟糕 ☐一般 ☐良好 ☐很好

您可以补充的其他信息：

感谢您参与这次调查！我们感谢您对时间银行付出的时间和贡献。您获得的时间银行积分将进入您的账户。

致　谢

本书得以完成，首先要感谢中华志愿者协会袁媛副会长，她领导下的社区志愿者委员会很早就关注时间银行，并指导我们团队开展这个领域的研究。现代社会工作人才发展服务中心的陈葵主任是我国公益信息化领域的先行者，与他的交流总可以让我们在时间银行系统设计方面获得出乎意料的收获。

特别感谢北京大学陈功教授和华东师范大学陈体标副教授对我们的欣赏。在与中国老年学和老年医学会志愿与公益分会的全体同仁交流过程中我获益良多。我们一直与湖北省公益创新研究会的严昌筠会长和全体会员伙伴保持密切互动，共同成长。

陈迎炜（社创之星）、曹笑亮、地球旅人阿V、刘玄奇等人既是我的益友又是良师，他们在各自领域展现的专业性和社群运营方面表现出的卓越能力给我留下了深刻印象，感谢大家为芳邻时间银行系统发展作出的贡献。

还要感谢香港的社创专家谢家驹博士（KK）、成都爱有戏的刘琴女士为本书提供的精彩案例。感谢众多芳邻时间银行系统用户和合作伙伴的认可，对你们的责任是我们不断前行的重要动力。

非常荣幸地邀请到香港"仁人友福"行动平台的召集人柯明蕙女士为本书作序。柯女士在香港指导创建了多个时间银行计划，对时间银行有深度了解和丰富的实践经验。

本书第四章中关于时间银行的法律关系论述是由上海市汇业律师事务所的傅朗律师撰写，他在法律方面的优秀专业能力为本书提供了重要内容。

衷心感谢团结出版社的梁光玉社长和宋扬编辑，因为两位的慧眼使得这本专著成为我国第一本正式出版的时间银行领域图书。谢谢团结出版社其他编、校、审人员的辛苦付出！

最后，感谢我的老上司、同学、朋友和亲密家人长期的支持和帮助。你们的付出我将永远铭记于心。

蔡俊

2022 年 8 月 17 日